父母的精准回应

王应美 ◎ 著

四川科学技术出版社

图书在版编目（CIP）数据

父母的精准回应 / 王应美著. -- 成都：四川科学技术出版社, 2024. 8. -- ISBN 978-7-5727-1498-6

Ⅰ. G78

中国国家版本馆CIP数据核字第2024XB2469号

父母的精准回应
FUMU DE JINGZHUN HUIYING

著　　者	王应美
出 品 人	程佳月
选题策划	鄢孟君
责任编辑	唐晓莹
策划编辑	周建林
封面设计	MM末末美书
插　　画	田禾
版式设计	林兰
责任出版	欧晓春
出版发行	四川科学技术出版社
	地址　成都市锦江区三色路238号　邮政编码　610023
	官方微博　http://weibo.com/sckjcbs
	官方微信公众号　sckjcbs
	传真　028-86361756
成品尺寸	160 mm×230 mm
印　　张	11
字　　数	220千
印　　刷	永印书香（唐山）印刷有限公司
版　　次	2024年8月第1版
印　　次	2024年10月第1次印刷
定　　价	46.00元

ISBN 978-7-5727-1498-6

邮购：成都市锦江区三色路238号　邮政编码：610023
电话：028-86361770

■ 版权所有　翻印必究 ■

前言

　　如何才能精准地理解孩子想要表达的想法，洞察孩子的小心思，给予孩子更精准的回应，让孩子感受到父母对自己的重视和关爱，给予孩子足够的安全感，这是一个值得很多父母深思和探讨的问题。

　　为什么有些父母在与孩子沟通的过程中，说的每句话都在针对和否定孩子？难道他们真的不愿意肯定和鼓励自己的孩子吗？当然不是，这是因为他们习惯使用含针对和否定意味的话术去回应孩子，想让孩子从带有针对和否定的话中揣摩和理解父母的良苦用心。遗憾的是，很多时候，孩子在还没揣摩和理解父母想要表达的深层次的关爱时，就已经被自我怀疑和负面情绪占满了，他们并不会觉得父母的针对和否定是在为自己好，反而会觉得父母根本就瞧不起自己，所以处处针对自己。

　　有些父母则喜欢使用暴力的方式来回应孩子，他们想当然地认为只有打骂等暴力的方式才能让孩子长记性。然而，暴力行为不仅触犯法律，而且还会让亲子之间的情感联结被斩断。有些父母则句句都离不开"应该"的观念，他们认为孩子应该听老师的、应该听大人的、应该将全部精力都用在学习上等。有些父母总是对孩子爱搭不理，他们不愿意耐心地回应孩子，于是，他们选择回避和忽视孩子的需求和困惑。有些父母则是控制不住自己的情绪，总是习惯性地通过攻击的方式来回应孩子。有些父母总是在溺爱孩子，对孩子有求必应，时时刻刻地把注意力放在孩子身上。还有一些父母习惯性地给孩子贴各种标签，尤其是负面标签，试图通过贴标签来激发孩子的潜力。

很显然，上面提到的这些父母的回应方式都无法精准地回应孩子的需求，无法实现亲子之间有效的沟通。

其实，父母真正的精准回应很简单，那就是了解孩子的需求和情绪，给予孩子更多的耐心和理解，主动为孩子营造开放和平等的沟通环境，对孩子的任何事情都能够及时回应，让孩子切实感受到父母的爱和关注：不针对、不否定、不打不骂、不吼不叫、不想当然、不回避、不忽视、不攻击、不溺爱、不贴标签，给予孩子足够的安全感。这些要点，便是本书的重点和精髓。

精准的回应方式，不仅可以让父母听到孩子的意愿，让亲子沟通变得更加和谐、有效，还可以让父母和孩子的情绪都变得更加稳定，让孩子更容易理解和接纳父母，拉近亲子之间的距离，大大减少亲子之间的矛盾和冲突，从而更易于父母培养出独立自信、情绪稳定、敢于面对困难与挫折、综合实力强的优秀孩子。

本书由常见的错误回应方式开篇，通过罗列父母错误回应方式的表现，并分析造成各种表现的原因，进而给出精准回应的话术。本书为促进有效的亲子沟通、构建和谐的亲子关系提供助力，以期帮助父母更精准地回应孩子，让每一个孩子都能感受到父母给予的爱和支持。

目录

第一章 不针对、不否定，积极倾听孩子的意愿

你怎么什么都想要，什么都想买　　002
上学又不是力气活儿，有什么可累的　　005
人家有，是人家的，跟你有什么关系　　008
就想着玩，作业写完了吗　　012
话都不敢说，你还能有什么出息　　016
背后说人家坏话，真没出息　　019

第二章 非暴力回应，有效建立情感联结

就知道玩手机，你看我不把它给砸了　　024
整天心不在焉的，注意力都去哪儿了　　027
你再给我摔一次试试看　　030

你跟谁学的满口脏话	033
不打你，你就不长记性	036
小小年纪就学会说谎了	039
一说你就哭，哭能解决问题吗	042
快点儿，磨磨蹭蹭的，该迟到了	045

第三章 摒弃"应该"式回应，学会有效沟通

在学校就应该听老师的	050
别人能做到的，你也应该能做到	053
你应该把精力全都放在学习上	056
我是你妈，你应该听我的	059
大人挣钱不容易，你应该省着点儿花	062
你都这么大了，应该自己睡觉	066

第四章 不回避、不忽视，接纳才能解决根本问题

能不能安静会儿啊？吵得我头疼	070
你成天不专心学习，净问些不着边际的问题	073
你没看见我在忙吗	076
我不想和你讨论这个话题，别再提了	080
我不知道，你认为是，就是吧	083

第五章　摆脱"攻击式"沟通，做好情绪稳定的榜样

你去学校是去学习的，又不是去玩的	088
现在知道紧张了，早干吗去了	091
考这么差，你也太不努力了	094
这么挑食，真难伺候	097
你说呢？这还需要问吗	100
人家就是随口一说，你还真以为是夸你呢	103
不会就不知道问吗	106
你一天不惹事，心里就不舒服吗	109
不行就不行，哪来那么多借口	112

第六章　拒绝溺爱，培养孩子独立生存的本领

没关系，学不会就不学了	116
你要什么，爸妈都想办法给你	119
他只是个孩子	122
你什么都不用干	125
累不累呀，要不要歇会儿	128
不行，我不放心	132

第七章　不贴标签，培养内心强大的孩子

你是笨蛋吗？这么简单的题都不会　　　136
你就是个小偷　　　139
我从没见过像你这么懒的孩子　　　142
肯定是你太调皮了，老师才会批评你　　　145
这么胆小，以后怎么登上更大的舞台　　　148
小小年纪就这么自私　　　151
自作聪明，没病装病　　　154

附　录　　　157

后　记　　　163

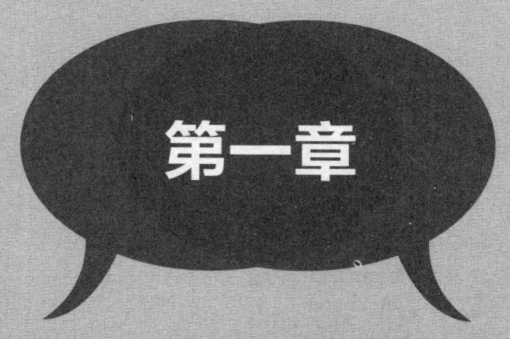

第一章

不针对、不否定，积极倾听孩子的意愿

　　亲子之间沟通的桥梁其实是非常脆弱的，父母的一句责骂、一句否定、一声埋怨，都可能会让孩子失去表达的欲望，进而导致亲子沟通桥梁的坍塌，使亲子之间产生隔阂。每一位父母都应该担负起巩固亲子沟通桥梁的责任，学会不针对、不否定，给予孩子精准的回应，积极、有效地倾听孩子的意愿，使孩子健康、自信地成长。

父母的精准回应

你怎么什么都想要，什么都想买

场景再现

第一章 不针对、不否定，积极倾听孩子的意愿

很多父母在带孩子去商场或者超市时，常常会遇到孩子这也想买、那也想买的情景。面对这种情景，有些父母会采取直接训斥孩子、拒绝满足孩子购买欲望的粗暴方式去回应，这种回应方式极易激发孩子的叛逆心理，即你越不给他买，他越想买，于是，一场亲子之间的拉锯战一触即发。

其实，有些孩子见到什么都想买，很大的原因是他们对金钱没有直观的概念。对大多数孩子来说，他们在购买商品的时候，父母都是使用手机支付，而不是使用现金支付，这就导致了他们对金钱的使用没有直观感受，不知道购买某件物品花出去多少钱，更有甚者以为只要拿着手机，就可以购买商品。这是很多父母常常会忽略的一个原因，父母可以抓住这个原因，就孩子这也想买、那也想买的情景，着手培养孩子的金钱观、消费观等。

在遇到孩子这也想买、那也想买的情景时，父母可以通过以下话术去精准回应，并引导孩子认识金钱、认识商品买卖的过程，进而培养孩子的财商。

精准回应话术

"购买这些商品一共需要 325 元呢，相当于你三个月的零花钱，你是要保留三个月的零花钱呢，还是要买这些商品？你

自己做好选择，我尊重你的选择哟！"

"你想买就买呀！你可以自己做决定的，前提是得用你自己的零花钱去购买哟！妈妈建议你先看看你的零花钱还剩多少，够不够买。"

"这个东西不在我们今天的购物清单里哟！要不我们把它列在下次的购物清单中，下次你拿上你的零花钱，自己来买，可以吗？"

面对什么都想要、什么都想买的孩子，父母最好不要一上来就直接否定孩子，给孩子的购买欲望浇上一盆凉水，并试图通过这种方式去压抑或者打消孩子的购物欲望。其实，父母可以借此机会给孩子普及一些金钱方面的知识，比如我们使用的钱从哪里来、社会上赚钱的途径有哪些、如何避免债务危机、如何合理安排零花钱的开支等，进而培养孩子正向的财商，完善孩子的财商教育。

第一章 不针对、不否定，积极倾听孩子的意愿

上学又不是力气活儿，有什么可累的

场景再现

005

有些父母总是喜欢将自己固有的错误意识强加到他们对孩子的认知中，从而给孩子带去一些错误的回应。比如，有些父母认为在学校里上学是一件很轻松的事，不用风吹日晒，也不用干活儿，成天只需要坐在教室里就行。于是，孩子一旦跟父母喊累，父母便直接否定孩子的感受。显然，这是一种错误的回应方式，这种回应方式使用得多了，就会破坏孩子的分享欲，让孩子学会闭嘴，不再愿意跟父母分享在学校里发生的事情。

孩子学会了闭嘴，向父母分享的欲望减弱，这是一种不健康的亲子关系，很容易造成父母忽略孩子的身心发展、错过引导孩子走出成长困境的机会。其实，孩子的语言中往往包含了孩子近期的情绪和精神状态，如果父母能够精准地给出回应，不但可以轻松拉近亲子关系，还能在无形中了解孩子的身心状况和精神面貌。比如，在上述亲子互动的场景中，听到孩子说今天好累，父母首先要想到的应该是孩子为什么会喊累，孩子是不是在学校不开心了，孩子最近的学习压力是不是太大了，孩子的身体是不是不舒服，等等，而不是直接否定孩子，告诉孩子他没资格喊累。

当孩子喊累时，父母可以试着根据以下话术去做出精准的回应。

第一章 不针对、不否定,积极倾听孩子的意愿

精准回应话术

"在学校上了一天的课,可不得累嘛!今天在学校里有什么有趣的事情发生吗?"

"是吗?今天在学校都干了些什么呀?"

"累吧?今天老师讲的内容多吗?"

"学习真不是件轻松的事儿呀,老师是不是还留作业了呀?"

"那晚上咱们吃顿好的,你想吃什么呀?"

"看得出来,你今天是有点儿累,身体有没有不舒服?"

当孩子向父母抛出一个话题时,父母需要做的,并不是去否定孩子,直接将亲子对话的苗头掐断,而是应该及时接住孩子抛出来的话题,积极地开拓更多的话题来引导孩子表达更多的信息,从而更好地去了解孩子,给予孩子更多高质量的陪伴和关爱。

父母的精准回应

人家有,是人家的,跟你有什么关系

场景再现

第一章 不针对、不否定，积极倾听孩子的意愿

对于在群体中学习的学生来说，攀比是一种普遍存在的心理状态，是无法避免的。攀比有消极的、恶性的，也有积极的、良性的，这是需要父母去鉴别的。消极的、恶性的攀比容易让孩子形成错误的价值观，倘若父母引导不当，还会让孩子变得孤僻、自卑；积极的、良性的攀比是孩子求取进步的动力，是可以帮助孩子上进的。然而，父母能否正确鉴别孩子的攀比性质，与其能否正确回应孩子是息息相关的。

每当听到孩子的话语中带有攀比意味时，有的父母经常会用一句"好的你不比"来回应孩子，还有的父母会给孩子贴上"你怎么那么物质""小小年纪就学会攀比""一天天只知道攀比""你怎么总是想要和别人一样""就知道羡慕别人的东西"的标签。这些批评、指责或者贴标签的回应方式，是很难帮助父母了解孩子攀比行为背后的真正心理和内在需求的，而且这些回应方式会浇灭孩子向父母沟通的欲望，会导致孩子排斥或拒绝与父母继续沟通。如此一来，父母想要鉴别孩子的攀比性质就变得十分困难了。不了解孩子的攀比性质，父母就很难确定孩子的关注点在哪里，进而很难帮助孩子树立正确的物质消费观念。

其实，在听到孩子话语中带有攀比的意味时，父母可以使用下面这些话术来引导孩子说出他的关注点及其攀比行为背后的心理需求。

精准回应话术

"是吗？那一定非常好看吧？那你的同桌有没有嘲笑你没有名牌书包呀？"

"哈哈，同桌有名牌书包，你羡慕吗？我上学那会儿呀，特别羡慕那些穿小白鞋的同学呢！然后我就告诉自己要努力学习，通过学习来提升自己的价值，然后自己给自己买小白鞋。你呢？你怎么想的呀？"

"是吗？你同桌背上名牌书包啦！那你会不会觉得自己没背名牌书包，就不好意思去上学了呢？"

"宝贝，你的其他同学也背名牌书包吗？他们会不会看不起你、故意欺负你、不跟你玩呢？"

"你提到的名牌书包，是有什么特别吸引你的地方吗？可以给我详细说说吗？"

父母要学会客观冷静地看待孩子的攀比行为，而不是简单粗暴地批评、责怪孩子。父母借助话术打开孩子的心扉，了解到孩子的心理需求和关注点后，要及时给予孩子正确的引导，让孩子形成良性的攀比心理。

此外，父母在日常的生活中，也要以身作则，减少与人攀比的行为。比如，不要在孩子面前过度强调物质财富、社会地位等，而是强调家庭的温馨、和谐以及个人的品格和成就，让孩子明白真正的价值不在于物质的多少，而在于个人的品格和能力。对于孩子的无理要求，要耐心解释并拒绝，帮助孩子理解并接受。比如，可以设定一些规则和标准：零花钱的用途、购买物品的条件等，让孩子明白不是所有的需求都能得到满足。创造更多的机会，试着引导孩子，使其明白通过自己的努力可以获得自己想要的东西。比如，鼓励孩子参与家务劳动、社区活动、志愿服务、技能竞赛等，让孩子体验付出和努力的价值。当孩子通过自己的努力获得成就时，父母要及时给予肯定和鼓励，增强孩子的自信心和动力。

父母的精准回应

就想着玩，作业写完了吗

场景再现

妈妈，我下去打球去了！

打什么球，作业写完了吗？一天天就想着玩，不许去！

孩子一放学到家就放下书包去玩，这让很多父母很生气，他们希望孩子回到家后先写作业，还有极少数父母则希望孩子时时刻刻都坐在书桌前写作业、学习。于是，当看到孩子一回家就准备跑出去玩，或者一回家就玩游戏、看电视时，他们会用命令式的语言、严厉的态度强行制止孩子，并将孩子"强摁"在书桌前学习。

绝大多数被父母"强摁"在书桌前学习的孩子对学习是没有内在驱动力的，他们大多数时候都是"身在书桌，心在玩耍"，这种心不在焉的学习态度使他们很难集中注意力学习，严重降低了他们学习的效率和质量。因此，父母直接制止孩子玩耍，强制要求孩子去写作业的行为，可能会损害孩子学习的动力和专注力。

有些父母之所以会制止孩子玩耍，强行将孩子"摁"在书桌前学习，是因为他们否定了玩耍对于孩子成长和学习的积极作用，在他们的潜意识里，玩耍就是在浪费时间和精力，是没有任何意义的。显然，父母的这种意识和认知是不完全正确的。对于已经在学校学习了一天的孩子来说，回到家先玩耍是可以释放压力、缓解疲劳的。这时，父母可以采取一些精准的回应方式，帮助孩子平衡好玩耍和学习的时间，让孩子学会自主掌握和安排时间，培养孩子自主学习的能力。

父母可以使用以下话术来回应一放学到家就先玩耍的孩子。

精准回应话术

"去吧！半小时之后回来吃饭，吃完饭自己去写作业哟！"

"可以呀！你准备玩多长时间呢？建议你玩半小时，要不然你今晚又得熬夜写作业啦！"

"玩吧玩吧，劳逸结合，学习才能不累，你有30分钟的玩耍时间呢！"

"去玩吧！希望你半小时之后，主动跟妈妈说'妈妈，我去写作业啦！'你可以做到吗？"

"可以去玩呀，但是你要自己把控好时间哟！别忘了你和妈妈约定的要在每天晚上九点之前写完作业哟！"

磨刀不误砍柴工，玩耍并不等于浪费孩子的学习时间和精力，相反，玩耍可以帮助孩子释放压力和缓解疲劳，使他们能够在学习过程中保持更好的专注度和精力。孩子在玩耍时，大脑会得到放松和休息，这有助于他们在后续的学习中更加高效。此外，玩耍还可以促进孩子的身体发育，提高孩子的社交技能，培养孩子的创造力和想象力。这些能力对于孩子的学习和成长都是至关重要的。因此，父母应该鼓励孩子在学习之余进行适量玩耍，让他们能够充分释放自己的精力和创造力。同时,父母也可以与孩子一起玩耍,增进亲子关系,让孩子在快乐中成长。

当然,父母的回应方式要能够引导孩子学会控制自己的行为,提高自我控制能力,不让孩子沉迷于玩耍;要引导孩子学会在玩耍和学习中找到平衡点,培养孩子学习的主动性和时间观念,让孩子在玩得开心的同时也不落下学习。比如,与孩子一起制定一个包含玩耍时间和学习时间的时间表。这有助于孩子明确自己一天中的活动安排,并培养他们的时间观念。同时,时间表应该灵活,允许孩子根据实际情况进行调整。在日常生活中,父母也要以身作则,展示良好的时间管理能力和自我驱动力,成为孩子的榜样。

父母的精准回应

话都不敢说，
你还能有什么出息

场景再现

第一章 不针对、不否定，积极倾听孩子的意愿

有些父母会因为孩子在课堂上回答问题时紧张得不敢说话，或是当遇到亲戚朋友时不敢打招呼的行为而恼羞成怒，他们有的责骂孩子不懂事、没礼貌；有的批评孩子胆小、懦弱；有的直接责备、否定孩子，告诉孩子"不敢说话的孩子没出息"……殊不知，父母的这些回应方式非但不能让孩子变得勇敢，反而还在不知不觉中伤害了孩子的自尊心。

事实上，孩子的每一种行为表现背后都有一定的心理因素。孩子在课堂上回答问题时紧张得不敢说话，原因有很多种，可能是上课没听懂，不知道怎么回答；也可能是害怕万一回答错了，会被老师批评、被同学嘲笑；还可能是上课走神儿了，突然被老师叫起来，不知道老师刚才讲的是什么。此外，孩子不敢跟亲戚朋友打招呼，可能是因为他们缺少一些礼仪方面的常识，不知道怎么称呼亲戚朋友。

在不了解孩子内心的真实想法之前，父母不要急着给孩子不敢说话的行为下定论，不要轻易给孩子贴上胆小、懦弱、不懂事、不礼貌的标签，更不能因为孩子不敢说话的行为而责备或否定孩子。父母不妨试着使用以下话术去回应孩子，进而了解孩子不敢说话的真实原因。

精准回应话术

"刚刚老师说的是真的吗？你是不是没听懂，不知道怎么回答才紧张的呀？下次遇到这种情况可以直接告诉老师自己不会，不会没有错，不会可以学，对不对？"

"怎么回事呀？是不是在课堂上开小差被老师抓了个正着，然后不知道老师讲了什么？是不是连老师让回答的问题都没有摸清呀？"

"呀，我猜你紧张是害怕回答错了，会被嘲笑，我猜得对不对？其实没关系的，妈妈上学那会儿也这样，后来回答问题的次数多了，也就不紧张了。"

"来来来，宝贝，爸爸带你去认识一下大家好不好？爸爸会告诉你要怎么称呼对方，你只需要问个好就可以啦！"

　　父母在不经意间脱口而出的话语，很可能会给孩子的身心造成伤害。面对孩子可能存在的缺点，父母不妨先学会积极回应，给孩子足够的包容，给孩子充分的安全感，再通过话术去了解孩子的真实想法，然后学会接纳孩子的真实想法，引导孩子用适合自己的方式去处理实际问题，帮助孩子增强自信和勇气。

第一章 不针对、不否定,积极倾听孩子的意愿

背后说人家坏话,真没出息

场景再现

老师说你这次考试考得很好,差一点儿就是全班第一了!

哼,第一名是作弊的,大家都说她是提前知道了考题才考这么好的。

谁说的?我看你就是嫉妒人家才在背后说人家坏话,真没出息!

当孩子在父母面前通过贬低、指责、嘲笑，甚至是辱骂的方式来说他人坏话时，大多数父母都会感到不可思议，甚至难以相信这些话居然会从自家孩子口中说出。每当这个时候，有些父母就会怒从心中起。有的父母会采取说教的方式批评孩子，有的则会直接否定和贬低孩子，有的还会有针对性地嘲讽孩子。显然，不管是哪一种回应方式，都难免会对孩子的心灵造成一定程度的伤害。

其实，父母大可不必因为孩子背后说人坏话而大惊小怪、怒火冲天。要知道，孩子的言行举止无不在表露着他的心理状态，背后说别人坏话只不过是孩子表露自己内心的嫉妒、不安和怨恨等消极情绪的一种方式，他们或是贬低他人的能力，或是嘲笑他人的外貌，或是夸大他人的不良习惯……

究其原因，孩子之所以在背后说人坏话，大都是嫉妒心理在作祟。当遇到比自己更优秀的人时，有些孩子会通过寻找对方的缺点，然后在背后添油加醋地贬低对方的方式来表露自己内心的嫉妒；当被别人超越时，有些孩子内心会感到不安，甚至还会滋生怨恨心理，此时他们在背后说人坏话的目的就是发泄自己内心的不安和怨恨。

然而，这种行为并非解决问题的正确方式，反而可能会对孩子的成长造成不良影响。

首先，背后说人坏话的行为会破坏孩子与他人的关系。当孩子选择用贬低或嘲笑他人的方式来表达自己的不满时,他们很可能会失去朋友,被孤立在社交圈之外。

其次,这种行为会加深孩子内心的消极情绪。当孩子用负面的方式来看待他人时,他人往往也会以同样的方式看待孩子。这种消极的认知方式会让孩子更加不安和沮丧,形成恶性循环。

最后,背后说人坏话也会阻碍孩子的学习和成长。一个开放、包容的学习环境能使孩子健康成长。当孩子过于关注他人的缺点和不足时,他们就很难看到他人的优点和长处,从而错过学习和成长的机会。

因此,父母在听到孩子说人坏话时,首先要让自己保持理智和冷静,可以尝试使用以下话术积极与孩子对话,引导孩子表达他的想法和感受。

精准回应话术

"宝贝,妈妈想跟你说,每个人都是不完美的,每个人都有自己的优点和缺点,妈妈也一样。妈妈认为,我们应该去学习别人的优点,而不是在背后议论别人的缺点,对不对?"

"宝贝,背后说人坏话的行为是不对的哟!你可以告诉爸爸,你这么说有什么依据吗?可别是造谣啊!"

"让妈妈来猜一猜你为什么会这么说他，好不好？你是不是因为他考得比你好才在背后说他坏话呢？"

"宝贝，你知道吗？你是最棒的，爸爸永远爱你，爸爸不会因为你考得没有别人好而去责怪你，爸爸也希望你能正视别人的成绩，不能因为别人考得比自己好就说别人作弊，这样是不对的哟！"

很多时候，孩子并不是无缘无故说人坏话的，父母在通过与孩子积极沟通了解到孩子说别人坏话的原因后，需要及时对症下药，给予孩子足够的关爱和安全感；同时要激发孩子的同理心，让孩子意识到背后说人坏话的行为会给他人带来伤害；还要积极引导孩子端正态度、正确看待比自己更优秀的人，懂得取人之长补己之短。

第二章

非暴力回应，有效建立情感联结

大吼大叫、争吵等暴力回应方式只会加速破坏亲子之间的情感联结。父母暴力回应孩子的初衷是想要让孩子长记性或者戒掉某些不良习惯，然而结果常常是孩子没有长记性，坏习惯也没有戒掉，反倒引发了孩子的逆反心理，激化了亲子矛盾，让矛盾变得更加棘手。因此，父母不妨试着使用非暴力的回应方式，让孩子接纳自己的建议，和孩子建立起有效的情感联结。

父母的精准回应

就知道玩手机，
你看我不把它给砸了

场景再现

一天天就知道玩手机不学习，你看我不把手机给你砸了！

第二章　非暴力回应，有效建立情感联结

孩子沉迷于手机是现代家庭普遍存在的一个问题，这个问题常常让父母头疼不已，比如常听到父母说"说也说了，骂也骂了，就是要玩手机，偷偷地也要玩。""断过电、断过网，作用不大。""手机藏在哪里都能被他找到。""有时候真想把手机给他砸了呀！但是这个社会，没有手机哪儿行啊？唉！"等。很多父母都采取了不少强硬的措施来阻止孩子玩手机，但是收到的效果似乎都不太理想。

在这个人手一个或多个手机的时代，手机早已成为孩子求学路上必不可少的物件，孩子需要使用手机上网课、获取学习信息、同外界建立联系等。要想完全不让孩子玩手机，那是不切实际的。因此，父母需要调整好自己的心态，不要简单粗暴地使用吼骂等暴力方式来禁止孩子玩手机。

父母可以积极引导孩子认识到长时间玩手机的危害，尤其是手机上瘾的危害，比如：过度依赖手机，会影响到学习和生活；长时间盯着手机，会损伤视力；长时间低头玩手机，会引发颈椎病、肩周炎等；睡前玩手机，还会降低睡眠质量，导致注意力、记忆力下降……

父母除了要引导孩子认识到长时间玩手机的危害外，还可以通过旅游、运动、劳动等方式来充实孩子的课余时间，使孩子学会主动放下手机。

在发现孩子玩手机的时间过长，或者有过度依赖手机的行为时，父母可以尝试使用以下话术来分散孩子的注意力。

精准回应话术

"宝贝,可以帮妈妈晾这个被子吗?妈妈一个人搞不定,谢谢你哟!"

"来来来,宝贝,又到了二选一的时候了,下楼陪爸爸打羽毛球和拖地,你选一个。"

"宝贝,玩手机的时间余额不足了哟!准备准备,该写作业啦!"

父母与其想方设法地不让孩子玩手机,不妨尝试使用一些简单有效的沟通方式,不打不骂、不吼不叫,平和地引导孩子放下手机,去做更多健康、充实、有意义的事情,帮助孩子掌握好玩手机的度,让孩子主动对过度依赖手机的行为说"不"。

第二章 非暴力回应，有效建立情感联结

整天心不在焉的，注意力都去哪儿了

场景再现

> 干什么呢？整天心不在焉的，注意力去哪儿了？赶紧专心写作业！

孩子三心二意，对任何东西都没有兴趣，做什么事情都提不起劲儿，学习、生活上没有计划，只是机械地将父母和老师安排的任务当成差事去完成，每天看着心不在焉、懒懒散散、无精打采的，这些都是孩子注意力不集中的表现，很多父母对此也是十分头疼，责骂孩子的话总是忍不住脱口而出。

注意力不集中的孩子，是没有持续专注能力的，他们无法持续地学习和做事，常见的行为表现有：课堂上坐不住，无法专心听讲；做事情有始无终，经常半途而废；做作业拖拖拉拉、磨磨蹭蹭；易受外界干扰，无法约束自己的行为；任性冲动，情绪起起伏伏，十分不稳定……这些行为会对孩子的学习和生活造成严重的危害，十分不利于孩子全面健康发展，所以很多父母会因为孩子注意力不集中而恼羞成怒，甚至还会粗暴地吼骂孩子。

实际上，对于注意力不集中的孩子来说，父母越是采取暴力的方式去沟通，越容易起到相反的作用。很多时候，父母会使用家长式强硬的命令要求孩子集中注意力去学习或做事。对于孩子来说，学习或做事都是被迫的，都不是自己愿意做的，这个时候，父母越是强迫、催促，孩子就越反感、越没法提起兴趣，注意力也越难以集中。

面对注意力不集中的孩子，父母可以使用以下话术来回应孩子，然后从孩子的话语中寻找孩子注意力不集中的原因，再根据具体原因采取具体的解决方式。

> **精准回应话术**
>
> "宝贝,我看你好像在发呆呀!怎么啦?是遇到不会的题了吗?"
>
> "我们家的宝贝正在想什么呀?可以跟爸爸讲一讲吗?"
>
> "宝贝,怎么啦?我看你注意力有点儿不集中哟!可以告诉妈妈是什么分散了你的注意力吗?"
>
> "宝贝,爸爸最近有个特别大的困扰,爸爸上班时总是会受到周围事务的干扰,无法集中注意力,特别影响工作效率,你可以帮爸爸想个集中注意力的方法吗?"

孩子注意力不集中,常常会通过各种不起眼的小毛病表现出来,虽然从表面上看只是一些让人恼火的小问题,但实际上对孩子的发展有着极大的危害。因此,对于孩子表现出来的一些小问题,父母不要妄图以暴力方式去解决,而是要采取柔和的方式同孩子沟通,引导孩子表达,找出原因,然后再对症下药,从根本上帮助孩子解决问题。

父母的精准回应

你再给我摔一次试试看

场景再现

小兔崽子，吃豹子胆了，敢摔东西了？你再给我摔一次试试看！

大多数父母会被孩子摔东西的行为激怒，而且会本能地选择以暴制暴的方式回应孩子摔东西的行为，企图通过暴力来压制孩子的愤怒，让孩子听话。殊不知，这种以暴制暴的方式会伤了孩子的心。

孩子会摔东西，大多是因为内心有愤怒需要发泄。然而，很多父母只看到了孩子摔东西的行为，却忽视了孩子愤怒的情绪。他们错误地把关注点放在孩子摔东西的行为上，暴力地责怪孩子不应该摔东西，却没有及时安抚孩子，引导孩子正确发泄愤怒的情绪，最终结果只会是从表面上强硬地让孩子憋回了愤怒，治标不治本，以至于下次孩子出现愤怒情绪时，还是会选择摔东西或者更极端的方式来发泄。

愤怒是众多正常情绪中的一种，产生愤怒并没有错，但摔东西却是一种错误的发泄情绪的方式。这种时候，父母首先要做的不是责怪孩子摔东西，也无须急着跟孩子讲什么大道理，可以先给孩子几分钟的独处时间，等孩子情绪缓和之后，再温和地跟孩子沟通，了解孩子摔东西的原因，进而有针对性地帮助孩子释放内心的愤怒情绪。

当孩子摔东西时，父母可以尝试使用以下话术去回应孩子，来引导孩子表达他摔东西的原因，帮助孩子通过其他方式释放负面情绪。

精准回应话术

"宝贝，妈妈被你刚刚摔东西的行为吓到了，你现在先独自冷静2分钟，如果你想跟妈妈聊聊，2分钟后来找妈妈，妈妈非常乐意当你的倾听者。"

"宝贝，妈妈看得出来你摔东西是因为你心情不好，妈妈很难过没有及时发现你心情不好。妈妈希望你下次心情不好的时候，可以直接告诉妈妈，好吗？"

孩子愤怒时在父母面前摔东西，其实是在向父母传递"我现在情绪不佳""我心里不舒服"的信号，这个时候，父母可以先放下家长的架子，平等地和孩子沟通，少用或者不用命令式话语，引导孩子表达出自己的情绪，再指导孩子正确地发泄情绪。

第二章 非暴力回应，有效建立情感联结

你跟谁学的满口脏话

场景再现

你跟谁学的满口脏话？看我不打你的嘴！

丑死了，丑八怪。

在听到孩子说脏话时，绝大多数父母都会觉得十分刺耳，有些父母会火冒三丈，忍不住吼骂孩子，甚至会动手打孩子。然而，这样的方式很容易激发孩子的逆反心理，还可能会让孩子产生"不让我说，我偏要说"的心理，结果是孩子脏话说个不停，父母怒火攻心。

其实，说脏话只是孩子表达情感的一种方式，在听到孩子说脏话时，父母最好先控制好自己的情绪，冷静、理智、客观地去分析和处理这件事情。

首先，父母要做的是观察判断：一是观察孩子是在什么情况下说的脏话，比如是非常生气的时候才说还是平时就出口成"脏"；二是观察家里的大人平时是否经常说脏话；三是观察孩子的"朋友圈"，看看孩子的朋友是否有说脏话的行为。

其次，针对孩子说脏话的频率或情形，对症下药，采取不同的回应方式。

最后，父母可以和孩子一起寻找说脏话的替代方案，一起寻找积极、合适的表达方式。

在听到孩子说脏话时，父母可以尝试使用以下话术去回应孩子，引导孩子改掉说脏话的毛病。

第二章　非暴力回应，有效建立情感联结

精准回应话术

"你为什么会这么说呀？你周围的伙伴都这么说吗？可是，妈妈认为这么说很不礼貌，你觉得呢？"

"这么说话是不是感觉很直接，一下子就表达了你想要表达的意思。但你是舒服了，别人听到了会很难受的。我们一起想一想有没有一种既能让你直接表达自己的观点，又能让别人听着舒服的说话方式，好吗？"

"爸爸听你说脏话，觉得很刺耳。要不要咱们互换下角色，我对你说脏话，你听听看是什么感觉？"

面对孩子说脏话的行为，父母与其直接用责骂等带有命令式的生硬方式告诉孩子不准说脏话，不如先稳定自己的情绪，采取更合适的话术或者方式去引导孩子，帮助孩子建立"说脏话是一种不礼貌、不尊重别人的行为"的认知，让孩子能够发自内心地、主动地去改掉说脏话的坏习惯。

父母的精准回应

不打你,你就不长记性

场景再现

跟你说多少遍了,不能敲碗,你就是记不住,是不是不打你,你就不长记性?

很多父母在面对孩子屡教不改、屡次犯错的行为时，可能都会感到无奈和失望，有些父母甚至会控制不住自己，想要动手打孩子，试图通过打的方式来让孩子长记性，让孩子从此不再犯同样的错误。然而，打孩子未必能真正地让孩子长记性，反而可能会衍生出更多的问题。

当孩子屡次犯错时，父母若是试图使用打的方式来让孩子长记性，那多半会适得其反。孩子被打之后，大多会沉浸在恐惧和痛苦的情绪中，这种情绪只会转移孩子对错误行为的注意力，并不利于孩子认识到自己的错误，也就无法进行自我反思和自我改正。

打孩子不仅可能触犯法律，还会对孩子的身心造成一定的伤害。孩子被打时，身体上会有疼痛感，要是父母下手重一些，还可能会造成身体上的创伤；心理上，孩子被打时，可能会感到恐惧、愤怒、无助和不安，这些情绪并不利于孩子的情绪稳定，甚至还可能给孩子留下心理阴影。另外，父母打孩子的方式还可能被孩子模仿，有可能导致孩子在与他人交往时也采取暴力方式去解决问题，这对孩子的行为发展是十分不利的。

其实，在面对孩子多次犯同样的错误时，父母应该努力克制自己的情绪，给孩子说话的机会，在了解清楚孩子的问题之后，再就具体问题给予精准的回应。父母可以通过以下话术来引导孩子表达自己的想法。

精准回应话术

"吃饭不能敲碗哦！这个爸爸已经强调过很多遍啦，你还是没记住，为什么呢？"

"宝贝，我发现你又敲碗了，爸爸之前告诉过你吃饭不能敲碗，现在你又敲了，你说我们现在应该怎么办？"

"宝贝，我觉得我们应该沟通一下，怎么样才能让你记住吃饭不能敲碗的规矩，你觉得呢？爸爸可是说过不止一遍吃饭不能敲碗了哟！"

孩子多次犯同样的错误，父母切忌通过简单粗暴的打的方式来让孩子长记性，以免给孩子的身心健康、行为发展等造成负面影响。父母可以根据自家孩子的个性，去寻找更有效的沟通和解决方式，在确保孩子的身心和行为健康发展的同时，让孩子认识到自己的错误行为并主动改正。

第二章 非暴力回应,有效建立情感联结

小小年纪就学会说谎了

场景再现

> 小小年纪就学会说谎了,明明考的是"B",还说是"A",你是欠骂了吗?

很多父母在发现孩子撒谎时，都会上纲上线地给孩子一顿"输出教育"，或是情绪激动地责骂孩子一番。然而，这些教育方式虽然体现了父母很重视纠正孩子说谎的行为，却未必能让孩子意识到说谎的严重性和危害性。

孩子说谎并不一定等于孩子不诚实、品质败坏，父母必须要认识到这一点。实际上，在孩子成长的过程中，说谎是一种普遍存在的现象。孩子说谎的原因也有很多，常见的有自我保护心理、维护自我形象或自尊心、虚荣心作祟等。

出于自我保护心理是大多数孩子说谎的原因之一。他们之所以会选择说谎，是因为他们预判了说实话的后果，试图通过说谎来逃避惩罚。比如，有些父母对孩子管教过于严厉，经常打骂孩子，以致孩子一犯错就想通过说谎来逃避父母的惩罚。另外，有些孩子为了维护自我形象和自尊心，也会采取说谎的方式。比如，孩子觉得考低分很丢脸，试图通过修改分数的方式来谎称自己考得不错。

在面对孩子说谎的行为时，父母应该以理解和宽容的态度来积极处理，可以通过以下话术来了解孩子说谎背后的原因。

精准回应话术

"宝贝,妈妈知道你一定不是故意要说谎的,你可以告诉妈妈为什么要说谎吗?"

"谎言有两种:一种是善意的谎言,一种是恶意的谎言。我们家的宝贝的这个谎言是善意的还是恶意的呢?"

"宝贝,我知道,如果我现在问你,你肯定也不想对我说实话。不过,我还是希望你能给我一个更好的解释,给你3分钟缓冲时间,3分钟后,我要开始问你一些问题,然后我希望你能如实地回答我,可以吗?"

事实上,说谎只不过是孩子自我保护的一种防御行为,父母要理性、客观地看待孩子的说谎行为。父母可以通过与孩子进行开放式的对话,了解孩子说谎背后的原因,然后再采取更精准的回应方式,帮助孩子树立正确的行为准则。除此之外,父母要以身作则,为孩子树立诚实的榜样。

父母的精准回应

一说你就哭，哭能解决问题吗

场景再现

> 怎么又做错了？我都说多少遍了！一说你就哭，哭能解决问题吗？

面对孩子一被批评就情绪崩溃、哭闹的行为，很多父母都会忍不住火冒三丈，会控制不住自己的脾气去责骂孩子，甚至还威胁孩子说"再哭就要挨打"。然而，这种回应方式只会让孩子感到更加的无助和害怕，严重的还会让孩子产生自卑和自责的心理，徒增孩子的心理困扰。

其实，哭泣只不过是孩子释放情绪的一种常见方式。孩子觉得委屈、无助、沮丧、害怕、不安时，都可能会通过哭闹来表达。这个时候，如果父母再采取责骂或者威胁等情绪化的方式来回应孩子的话，恐怕是雪上加霜，只会让孩子更加沮丧、痛苦和无助。

面对孩子一被批评就情绪崩溃、哭闹的行为，父母要让自己保持头脑清醒，冷静、客观地去分析和挖掘孩子情绪崩溃的真正原因。比如，父母不要因孩子的哭闹而让自己情绪激动或失去耐心，而要尝试从孩子的角度去理解他们的感受；教授孩子一些情绪调节技巧（深呼吸、数数、暂时离开现场等）；鼓励孩子思考问题的解决方案，而不是沉溺于问题本身；让孩子知道失败和错误是成长中的一部分，不应该因此而感到羞愧或气馁……

此时，父母可以尝试使用以下话术来了解孩子情绪崩溃的真正原因。

精准回应话术

"宝贝,你现在是不是感觉很绝望,好像在听天书一样,根本听不懂这个知识点讲的是什么?"

"宝贝,你要是觉得难过、沮丧,你就哭吧,等你哭完我们再一起看看这道题,好吗?"

"宝贝,你这会儿是不是在心里默默地骂自己'我怎么那么笨呀,怎么就是学不会呢?'没关系的,我们家的宝贝很聪明的,可能是妈妈刚刚没有讲清楚,妈妈再给你讲一次,好不好?"

在孩子情绪崩溃、哭闹的时候,他们最需要的是父母在情感上给予的理解和支持,而不是责骂和威胁。父母可以采用亲切的语言和行为来表达对孩子的关心,积极鼓励孩子表达自己的感受和想法,帮助孩子建立起积极的情绪管理能力,以提升孩子的适应能力和抗压能力。

第二章 非暴力回应，有效建立情感联结

快点儿，磨磨蹭蹭的，该迟到了

场景再现

快点儿，磨磨蹭蹭的，该迟到了！

细嚼慢咽

看着孩子做事慢慢吞吞、不急不躁的，急性子的父母常常会忍不住焦急地催促孩子"快点儿！"，忍不住发脾气大声呵斥、责怪孩子拖拖拉拉、磨磨蹭蹭。然而，不论父母怎么焦急催促、怎么呵斥责怪，孩子的动作都没有加快，有些反而是越催越慢，这让很多父母都感到很抓狂，甚至忍不住要动手打孩子。

显然，父母焦急催促非但没有让孩子加快速度，反而容易让孩子产生抵触情绪和逆反心理，故意和父母对着干，故意放慢速度、拖延时间。这时，孩子的注意力主要集中在和父母的对抗情绪中，反而会忽视磨蹭带来的后果，比如上学会迟到。

父母之所以会不断地催促孩子加快速度，原因主要有三点：第一，父母和孩子的生活节奏不一样，父母要求孩子跟上自己的节奏；第二，父母过度干预孩子的事情，事事为孩子操心，生怕耽误了时间，比如上学是孩子自己的事情，迟到也是孩子自己的事情，应该让孩子自己去承担后果，而不是父母提前替他担心；第三，父母着急焦虑，比如早上着急送完孩子去上班，结果孩子却拖拖拉拉的，自然忍不住要催促一番。

面对孩子拖拉、磨蹭的行为，父母不妨先控制一下自己的脾气，用以下话术给孩子精准的回应。

精准回应话术

"宝贝,如果你不想迟到被老师批评的话,妈妈觉得你得稍微加快点儿速度了。"

"宝贝,友情提醒你一下,再不出门,你上学可能就要迟到了哟!"

"宝贝,我希望你能稍微快一点儿,不然妈妈上班该迟到了,迟到了就要被扣钱,那你这个月的零花钱可能就要泡汤了。"

"宝贝,你觉得是什么原因导致你变得磨蹭了呢?我们回头一起讨论研究一下,找找解决办法,可不能一直这样下去了。"

"宝贝,我们有10分钟的时间来整理书包,然后就要出门了。你觉得这个时间够吗?要不你试一试?"

"宝贝,你知道吗,有时候和时间赛跑是一件有趣的事,你要不试试你和时间哪个会赢呢?"

孩子的人生需要孩子自己去主宰,面对孩子拖拉、磨蹭的行为,父母的焦急催促、打骂都是无济于事的。所以,当父母学会放手，让孩子去管理自己的事务时，这实际上是在为孩子提供一个成长的空间，让他们有机会去探索、去体验、去犯错并从中学习。

这样的过程对于孩子的成长至关重要，因为它能够帮助孩子建立起自我意识，让他们明白自己的行为和决策会产生什么样的后果。在这个过程中，父母的角色应该转变为引导者和支持者，而不是控制者和命令者。

父母需要明白的是，孩子的成长是一个渐进的过程，需要时间和耐心，不能期望孩子一夜之间就变得自律和高效。相反，他们需要给予孩子足够的支持和鼓励，让他们在自己的节奏下逐渐成长和发展。只有这样，孩子才能真正地成为自己人生的主宰，走向成功和幸福的人生道路。

第三章

摒弃"应该"式回应，学会有效沟通

在回应孩子时，有些父母总是遵循一些自己固有的观念。比如，他们认为孩子在学校就应该听老师的，别的孩子能做的事情自家孩子也应该能做，孩子应该以学习为主，孩子应该听家长的，等等。受这些所谓的"应该"式观念的影响，很多父母几乎无法平等、平和地同孩子沟通，反而是同孩子沟通得越多，孩子越叛逆，亲子关系也越糟糕。那么，父母要怎么回应，才能保证亲子之间的沟通是有效的呢？

父母的精准回应

在学校就应该听老师的

场景再现

> 唉,我们这数学老师,一天天地布置一堆作业,还让不让我们睡觉了?

> 老师这么做自然有他的道理,在学校就应该听老师的。

受传统教育观念的影响，在很多父母的观念中，老师就是专业和权威的代表，他们具备专业的知识和丰富的教学经验，可以给孩子提供良好的教育。于是，这些父母便认为孩子在学校就应该事事都听老师的，不允许孩子有任何其他的观点和想法。因此，当孩子向父母抱怨老师时，他们的第一回应方式就是"在学校就应该听老师的"。

老师是专业的教育者，这一点是毋庸置疑的。但是，尊重老师的权威和专业并不等于孩子应该盲目听从老师提出的一切规矩和要求。适当的时候，父母还是要倾听孩子的想法，鼓励孩子表达自己的观点，培养孩子的独立思考能力和判断能力。

在孩子抱怨老师时，父母先不要急着否定孩子，切忌想当然地认为孩子是在为某些事情找借口。父母可以使用以下话术来鼓励孩子表达自己的观点，同孩子一起讨论并引导孩子提出自己的解决方案。

精准回应话术

"宝贝，你为什么会这么觉得呢？可以跟妈妈说说你的理由吗？"

"咦？是吗？你的同学们也觉得老师的作业布置得不合理

吗？你有没有尝试和老师沟通下呢？"

"哇，宝贝，你一下子就指出了老师的这么多问题呀，看来你深受其苦啊。来来来，详细说说你的想法。"

"所以，宝贝，我们现在应该怎么办？是准备充分的证据并找老师反馈作业确实有些多，还是像挤海绵里的水一样挤时间完成作业？你还有更好的方法和建议吗？"

父母可以同孩子一起讨论老师设立的规矩和要求，并帮助孩子理解这些规矩和要求所要达到的目的及其重要性；另外，父母要让孩子明白，尊重他人的权威与表达自己的观点并不是对立的，要鼓励孩子发表自己的观点，让孩子意识到尊重老师并不是盲目服从，可以积极表达自己觉得不合理的地方，然后帮助孩子有效地解决问题。

第三章 摒弃"应该"式回应，学会有效沟通

别人能做到的，你也应该能做到

场景再现

妈妈，这次考试的题目真的太难了，我才考得这么差的。

我看你就是在找借口！别人为什么能及格？别人能做到，你也应该能做到。

053

很多父母常常会在不经意间拿自家孩子与别人家孩子做比较，这是一个普遍存在的现象。当他们看到别人家孩子的长处和优势时，就会想当然地认为自家孩子也应该这么优秀。于是，他们可能会告诉孩子"你看×××，他都能做到，你也应该能做到""你不比别人差，别人能做到的，你也应该能做到""别人家的孩子都能做到，你也应该能做到"等。然而，每个孩子都是独一无二的，每个孩子的能力和条件都是有差异的，父母不能简单粗暴地用同一把尺子来衡量孩子的价值和能力。

尺有所短，寸有所长，每个孩子都有自己的优缺点。父母要避免拿孩子与其他人进行过度的比较，以防给孩子带来一些不必要的焦虑，给孩子造成一些负面的心理压力，导致孩子误以为自己"不够优秀"或者"不够努力"，从而无法客观、全面地认识自我，最终影响孩子自信心的建立。

父母要根据自家孩子的实际情况和能力来适当地给予孩子正向的支持和鼓励；对于孩子暂时没有别人优秀的地方，主动找孩子沟通，听听孩子自己的想法。比如，遇到开篇场景中的对话时，父母可以使用以下话术来给予孩子更精准的回应。

精准回应话术

"宝贝,妈妈知道你没考好,这会儿心里肯定不好受。妈妈可以为你做点儿什么吗?"

"没关系的,宝贝,妈妈可以和你一起看看这些题目,我们及时查漏补缺,争取下次及格,好吗?"

"啊,是吗?这次考题这么难呢!那我们现在就来逐个攻克这些难题吧!"

"有爸爸妈妈在,题目再难也不怕。我们一起来看看这些题目主要考查哪些方面的知识,然后再一起想想解决办法,可以吗?"

父母与其拿自家孩子同别人家孩子做比较,不如把注意力集中到孩子的个人成长与进步上,关注孩子每个阶段的成长与变化,发现孩子的优势和潜力,帮助孩子发展兴趣爱好,培养孩子健康积极的心态,增强孩子的自信心。

父母的精准回应

你应该把精力全都放在学习上

场景再现

爸爸,我弹得好听吗?

好不好听有什么用?又不能当饭吃!你现在应该把精力全部放在学习上。

第三章 摒弃"应该"式回应,学会有效沟通

很多父母把孩子的学习成绩看作唯一重要的,即便孩子在其他兴趣爱好领域取得了很出色的成绩,一旦孩子学习成绩不优秀或者学习成绩稍微有所下降,这些父母都很难认可孩子在其他领域所取得的成绩,更不会认为孩子有多优秀,甚至还会埋怨这些兴趣爱好分散了孩子的精力,责怪孩子没把全部精力放在学习上,不让孩子继续发展兴趣爱好。

实际上,兴趣爱好是孩子特长和潜力的体现,它不但能够促进孩子全面发展,掌握更多技能,而且还可以增强孩子的团队合作能力、沟通能力和自信心,这些技能和品质对孩子的个人成长和未来发展都是非常重要的。因此,父母还是应该为孩子提供发展兴趣爱好的环境,切忌以"应该把精力全部放在学习上"为由禁止孩子发展任何兴趣爱好。

在支持孩子发展兴趣爱好的同时,父母也要注意掌握好尺度和分寸,要确保孩子能有足够的时间和精力投入学习中,不要让兴趣爱好占用孩子过多的学习时间,以免影响孩子的学习。另外,对于孩子在兴趣爱好领域所取得的成绩,父母应该夸赞,不能像开篇场景中的父母一样将孩子的兴趣爱好与学习成绩混为一谈,仅看重学习成绩,而否认孩子在兴趣爱好领域所取得的成绩。因此,遇到这种情况时,父母可以使用以下话术来回应孩子。

> **精准回应话术**
>
> "宝贝弹得很好听呢！再给妈妈弹5分钟，然后就去写作业如何？"
>
> "宝贝，你知道吗？你认真弹吉他的样子真帅，当然啦，你认真学习的样子也很帅哟！休息10分钟，喝水上厕所，咱准备认真学习吧！"
>
> "你弹得好听极了，妈妈都听'醉'了呢，宝贝真棒！不过妈妈提醒你一句，别忘了写作业哟！"

孩子的精力是有限的，因此父母给孩子报的兴趣班不宜过多，孩子花在兴趣爱好上的时间也不宜过长。父母在鼓励孩子发展兴趣爱好之前，可以先同孩子一起制订合理的计划，帮助孩子在学习和兴趣爱好之间建立起良好的平衡，并且在日后做好监督提醒的工作。

第三章 摒弃"应该"式回应,学会有效沟通

我是你妈,你应该听我的

场景再现

不行,我是你妈,你应该听我的。跳舞太影响学习了,这学期的舞蹈课取消了。

妈妈,我真的很喜欢跳舞,这学期我可以继续上舞蹈课吗?

在孩子的教育问题上，绝大多数父母常常会陷入"大家长"式的权威主义教育观念中，他们认为，自己有着丰富的生活经验和经历，可以为孩子提供更好的指导和帮助，能为孩子的未来做好规划，因此他们会强行要求孩子服从自己，还给自己的行为找了一个"你应该听大人的，我们都是为你好"的理由。

在"大家长"式的权威主义教育观念下，父母往往过于强调自己的权威和决策权力，过度干预孩子的思考和决策过程。有些父母甚至不给孩子表达自己观点和意见的机会，直接就替孩子做决策。这种做法无疑会扼杀孩子自主思考和解决问题的能力，导致孩子养成依赖他人的习惯。

实际上，孩子在成长的过程中，通过全方位的感知、观察、探索和学习，会积累一些思考问题和解决问题的方法，也慢慢懂得从自己的角度去看待事情。在遇到问题和挑战时，他们也会自己尝试寻找解决方法，只不过这些方法大多还不够成熟。这个时候，父母只需要做好引导和支持，给孩子提供必要的指导和建议。因此，当亲子之间出现分歧或者"权力斗争"时，父母要学会放下"大家长"的架子，使用以下话术和孩子展开平等的讨论。

精准回应话术

"宝贝,妈妈正想跟你聊一聊这件事情呢。我们一起来讨论下这学期的舞蹈课要不要继续上,跟妈妈说说你的想法吧!"

"宝贝,看得出来,你真的很喜欢舞蹈。但是,如果这学期继续学舞蹈的话,你有没有想过你的学习时间应该怎么安排呢?"

"宝贝,你确实很喜欢舞蹈!但是妈妈觉得,如果你继续学习舞蹈的话,会有一点点影响到你的学习,毕竟舞蹈课占用了你很多的学习时间,你觉得呢?"

在亲子沟通中,父母要摆正自己的位置,要将自己和孩子放在平等的位置上,给予孩子表达自我意见和选择的权利。在提供指导和建议时,给孩子一定的独立思考空间和自主决策权,这样可以培养孩子的自信心和责任感,提升孩子解决问题的能力。

父母的精准回应

大人挣钱不容易，你应该省着点儿花

场景再现

> 不是前两天才给你了吗？这么快就没了？大人挣钱不容易，你应该省着点儿花。

> 爸爸，您可以再给我一点儿零花钱吗？

父母告诉孩子大人挣钱不容易，钱要省着花，不能乱花钱，本意是希望孩子要懂得节约，这原本是一件无可厚非的事情。然而，有些父母却过度地给孩子强调大人挣钱不容易，试图以此来让孩子主动限制自己的消费。这种过度强调的回应方式可能会给孩子带来一些负面影响。

在父母一遍又一遍地强调大人挣钱不容易的过程中，孩子可能会逐渐变得自卑和胆怯。他们可能会觉得自己拖累了父母，自己给父母带来了负担，从而心生内疚和自责。在遇到自己喜欢的东西或者想要参与的活动时，他们会变得缩手缩脚，会过分担心自己的开销是否会给父母带来困扰。久而久之，他们的内心变得更加敏感和脆弱，这会严重阻碍孩子身心和社交能力的健康发展。

另外，大人过分强调挣钱不容易，无形中会让孩子把更多的注意力放在自己的消费行为上，他们会过多地去关注一件商品的价格而忽视其价值，他们害怕浪费金钱，甚至有的还会变得吝啬，这些都会让孩子形成错误的金钱观。

一旦孩子形成这种金钱观，他们可能会过度关注金钱的稀缺性，进而陷入一种狭隘的思维方式，认为金钱是衡量一切的标准。这不仅会限制他们的视野，影响他们的人际交往，还可能阻碍他们追求自己的梦想和兴趣爱好。

为了帮助孩子形成正确的金钱观，父母应该采取以下措施：

首先，父母应该坦诚地与孩子讨论家庭的经济状况，让孩子了解金钱的价值和重要性，同时也要让他们明白金钱并不是万能的，有许多事情是金钱无法衡量的。

其次，父母应该引导孩子理性消费，教会他们如何辨别商品的价值，让他们明白价格并不是唯一的衡量标准。同时，父母也要给予孩子一定的零花钱，让他们学会自己管理金钱，从而培养他们的理财能力和正确的消费观念。

最后，父母应该鼓励孩子追求自己的梦想和兴趣爱好，让他们明白金钱可以用在实现这些目标上，而不是仅把金钱牢牢地攥在手中。当孩子能够理性看待金钱，并将其作为实现梦想的工具时，他们就会形成正确的金钱观，从而走上更加宽广的人生道路。

父母可以使用以下话术来与孩子沟通，进而了解孩子的消费需求。

精准回应话术

"咦，宝贝，你的零花钱用完了？还是说你看上了什么好东西，需要更多的钱？可以给爸爸分享一下吗？"

"当然可以再给你一些零花钱呀！但是你得先告诉妈妈，准备用这些零花钱买什么。"

> "爸爸很好奇,你的零花钱都花在哪儿了,爸爸小时候,零花钱几乎都花在买玩具机车上面了,你呢?"
>
> "你的零花钱花得还挺快,要不我们一起制订一个规则,比如每周给你固定数额的零花钱,你可以自由支配,但是要确保不要超出这个额度。"
>
> "如果你这次不全部花完零花钱,我们可以考虑把它存起来,以后用来买你更想要的东西。你觉得这个主意怎么样?"
>
> "宝贝,关于你的零花钱,你可以考虑制订一个理财计划,将零花钱分成几部分,一部分用于购买必需品,一部分用于储蓄,还有一部分用于娱乐或投资。你觉得这样分配合理吗?"

在了解孩子的消费需求时,父母可以尝试与孩子讨论一下哪些钱应该花,哪些钱不应该花;哪些是合理消费,哪些是冲动消费……父母要用语言或者行动告诉孩子,不能乱花钱并不等同于不能花钱,耐心引导孩子正确认识消费行为,帮助孩子建立正确的消费观。

父母的精准回应

你都这么大了，应该自己睡觉

场景再现

妈妈，晚上我想跟您一起睡。

不行，你都这么大了，应该自己睡觉。

为了培养孩子独立自主的能力，孩子到一定的年龄之后，父母就会让孩子独自睡觉。但是有些孩子会很依赖父母，很抗拒独自睡觉，想跟父母一起睡。当孩子向父母表达自己不想一个人睡，想跟父母一起睡时，有些父母会直接以"长大了就应该自己睡觉"来生硬地回应孩子。

在没了解清楚孩子为什么不愿意自己睡觉前，父母最好不要使用生硬的方式回应孩子的需求。一般情况下，孩子不愿意同父母分开睡觉的原因有四个。第一，孩子对父母有一定的依恋心理，与父母分开睡之后会不习惯，会感到孤独和害怕。第二，孩子害怕黑暗，独自一个人睡觉会觉得缺少依靠，没有安全感。第三，睡前习惯被打破。没有独自睡觉之前，孩子可能是在父母讲故事的过程中入睡的；与父母分开睡觉后，孩子需要自己独立入睡。第四，孩子情绪低落或者身体不舒服，想要父母陪在自己身边。

当孩子提出不愿意自己睡觉，想要跟父母一起睡觉时，父母可以多给孩子一些耐心，积极倾听孩子的想法，及时给予孩子安慰和支持。父母可以按以下话术来回应孩子。

精准回应话术

"宝贝,你已经是个大孩子了,你很勇敢的,对不对?妈妈相信你可以自己睡觉的。"

"怎么了宝贝?可以跟妈妈说说你为什么不愿意自己睡觉吗?"

"抱抱宝贝!宝贝,你听妈妈说,妈妈觉得你已经是个勇敢的大孩子了,妈妈希望你能自己睡觉。当然了,你可以说服妈妈,让妈妈跟你一起睡。"

在要求孩子独自睡觉之前,父母可以提前给孩子一些心理疏导,让孩子有个思想准备。父母可以为孩子打造一个安全、舒适、孩子喜爱的睡眠环境,为孩子准备一些可以带来安全感的物品,比如小夜灯等。另外,父母要继续保持孩子的睡前习惯。比如,孩子没有独自睡觉时给孩子讲睡前故事,孩子独自睡觉时也要继续给孩子讲睡前故事,给予孩子足够的安全感。面对情绪低落或者生病的孩子,父母可以给予孩子更多的陪伴,在孩子的房间陪着孩子一起睡。

第四章

不回避、不忽视，
接纳才能解决根本问题

　　在孩子面前，有些父母为了轻松省事，会选择回避或者忽视孩子的需求和困惑。然而，这种回避或者忽视的态度不仅无法从根本上解决孩子的问题，反而会让孩子变得情绪低落、沮丧和无助，破坏亲子之间的和谐关系。其实，很多亲子之间的矛盾和冲突，常常在亲子互相接纳之后才会得到根本解决。

父母的精准回应

能不能安静会儿啊？吵得我头疼

场景再现

> 爸爸，今天我们班×××又迟到了！

> 爸爸，我同桌又弄坏了我的橡皮！

> 爸爸！

> 爸爸……

叽叽喳喳

> 你能不能安静会儿啊？吵得我头疼。

新闻

有些父母会嫌弃孩子太吵、太闹腾，尤其是在孩子叽叽喳喳地分享着自己的想法、感受和经历的时候，他们会表现得很排斥、很不耐烦。有的父母不想搭理孩子，时不时应和孩子一声；有的父母则直接用命令式的语言打断孩子说话，强行让孩子安静下来。在上述回应方式中，父母都忽略了孩子的表达欲望，这会让孩子觉得自己在父母那里根本不被重视，也不被理解，从而会使孩子变得情绪低落、沮丧和无助。

父母的回应方式与孩子的表达欲望、分享欲望紧密相连，息息相关。如果父母对孩子的分享爱搭不理或者强行让孩子安静不说话，孩子的表达欲望和分享欲望就会慢慢减少，时间久了，就会全部消失殆尽。那样的话，孩子就很容易变得完全不愿意跟父母沟通，再也不愿意跟父母分享自己的事情。久而久之，亲子之间的沟通障碍越来越大，有效沟通越来越少，情感隔阂越来越大，亲子关系越来越差。

孩子的表达和分享是发展自身逻辑表达能力和社交能力的重要方式。因此，当孩子愿意主动分享自己的想法和事情的时候，父母可以按以下话术给予孩子足够的耐心和精准的回应，让孩子感受到父母对自己的爱和尊重。

精准回应话术

"那个×××又迟到了啊？我记得你昨天还跟我说他迟到了呢！老师不批评他吗？"

"同桌弄坏了你的橡皮，那你是怎么处理的呀？你有没有让他赔你橡皮呢？"

"宝贝，你这一天发生了这么多有趣的事情呢，真好呀！谢谢你愿意跟爸爸分享，爸爸很喜欢听你说这些。"

"宝贝，你这表达能力太棒了，你说的所有事情，爸爸都听得明明白白，给你点赞！"

良好的亲子关系就是在不断的分享和积极的回应中变得更加紧密的，孩子的表达能力也是在不断的分享中得到锻炼和提升的。父母要学会倾听和尊重孩子的表达，鼓励孩子分享，积极回应孩子的分享，让孩子充分感受到被重视和被关注，激发孩子的表达欲望，与孩子建立起良好的沟通关系，提升孩子的表达能力。

第四章 不回避、不忽视，接纳才能解决根本问题

你成天不专心学习，
净问些不着边际的问题

场景再现

妈妈，您知道出汗的最好方法是什么吗？

我不知道。你成天不专心学习，净问些不着边际的问题。

073

面对孩子千奇百怪的"为什么",很多父母经常以一句"你成天不专心学习,净问些不着边际的问题"来敷衍搪塞孩子,忽略孩子的提问。虽然这种敷衍搪塞式的回应方式给父母省去了不少"麻烦",但是这对孩子的成长和学习是非常不利的。

父母要知道,孩子的好奇心和求知欲总是会带来很多"为什么"的问题,这是他们认识世界、探索世界和获取知识的一种重要方式。孩子提出问题,其实是在主动思考和探索。这时,如果父母以敷衍、不耐烦,甚至是嘲讽的态度去回应孩子,那么,孩子的好奇心和求知欲就会受到打压,探索和学习的热情也会有所减少,自主学习的积极性也会受到打击。

在面对孩子提出的那么多"为什么"时,父母要对孩子能够拥有这种自主探索和积极学习的态度进行鼓励和肯定,还可以借此机会跟孩子一起讨论和探索问题的答案,以下是就孩子提出"为什么"后父母的一些回应话术。

★ 精准回应话术 ★

"出汗最好的方法是什么?是运动吗?"

"哇,宝贝,你这个问题问得很有深度啊!妈妈从来没有想过这个问题,要不各自说说自己的想法?来,你先说说你的想法。"

"你问的这个问题我正好不知道答案呢,你知道问题的答案吗?"

"哎呀,糟糕,我想这个问题我们得向'万能'的互联网求助一下了!"

父母以积极的态度来回答孩子提出的"为什么",不但可以保护孩子的好奇心和求知欲,还能引导孩子拓宽解决问题的思路、找出解决问题的方法,提高孩子自主学习和探索的积极性,培养孩子独立思考和解决问题的能力,这些都将成为孩子成长和学习的重要动力源泉。

父母的精准回应

你没看见我在忙吗

场景再现

爸爸,爸爸,您帮我看看这道题呀!

你没看见我在忙吗?

当父母手里有事或者正在处理工作，孩子又不停地缠着父母诉说自己的需求时，父母很容易变得烦躁。这其实也是人之常情，毕竟父母在做事的时候，也需要一定的专注力和注意力，有时候甚至是手忙脚乱的，这个时候，若孩子缠着父母提出自己的需求，父母难免会感到烦躁和不耐烦，就直接装听不见，忽视孩子的需求，或者直接告诉孩子自己在忙，让孩子自己想办法解决。孩子幼小的心灵常常就在这个时候受到了伤害。

其实，在被孩子不停地缠着的时候，父母只需要花几秒钟的时间回应一下孩子，告诉孩子自己正在忙，让孩子再等一会儿，等忙完再帮他处理。这样的回应方式可以有效地回应孩子的需求，及时安抚了孩子的情绪，让孩子感受到了父母对他的重视，更容易使孩子对父母的忙碌产生理解的心态。

孩子在父母忙碌的时候向父母提出请求时，内心是极其渴望得到父母的回应的。如果父母没有及时回应或者给了孩子负面的回应，孩子会立刻变得失落难过，从而对父母产生埋怨的情绪。

长此以往，孩子在面对父母忙碌而无法及时回应或得到负面回应时，他们的内心可能会经历一系列消极的情感变化。

首先，他们可能会感到不被重视，这会让他们对自己的价值和重要性产生怀疑。其次，孩子可能会感到沮丧和失望，因为他们无法从父母那里得到他们期望的支持和关爱。这种情感的累积会让孩子对父母产生埋怨和不满，甚至可能影响到他们与父母之间的亲子关系。

更重要的是，长期处于这种情感环境下，孩子可能会形成消极的自我认知，认为自己不值得被爱或被关注。这种自我认知会进一步影响他们的社交能力和心理健康，使他们在与同龄人交往时表现出被动和退缩行为，难以建立健康的人际关系。

为了避免这种情况的发生，父母需要及时回应孩子，并尽量在忙碌之余给予孩子足够的关注和关爱。

这时，父母可以按以下话术回应孩子，既可以化解孩子的情绪，也可以获得孩子的理解和认可。

精准回应话术 ★

"宝贝，爸爸这会儿有些忙，等爸爸忙完就过来帮你看！"

"宝贝，等十分钟，爸爸忙完就来找你。"

"宝贝，爸爸听到你的问题了！等爸爸一会儿，爸爸忙完就来帮你！"

"宝贝，你可以等爸爸一下吗？爸爸这会儿有事情要做，相信你是可以理解爸爸的，对吗？"

"宝贝，爸爸听到你的问题了，爸爸知道你不知道该怎么

第四章 不回避、不忽视，接纳才能解决根本问题

> 办，也很着急，没关系，爸爸会尽快处理完手头的事情，马上来帮你，好吗？"

父母温和地给予孩子回应，不忽略孩子的请求，会让孩子感受到父母的重视和关注。父母可以借此机会培养孩子的耐心和同理心，让孩子学会等待和换位思考。另外，父母可以和孩子做个约定，约定自己在做什么事情的时候，孩子不要过来打扰自己，如果需要帮助，可以等自己忙完再说。用这种方式，以培养孩子尊重别人和理解别人的思维习惯。

父母的精准回应

我不想和你讨论这个话题，别再提了

场景再现

妈妈，那天爸爸为什么要在您身上睡觉？

你怎么没完没了的？烦不烦啊！

我不想和你讨论这个话题，别再提了！

080

第四章　不回避、不忽视，接纳才能解决根本问题

父母被孩子撞见夫妻生活时，即便不被吓一跳，也会感到很尴尬、很害羞，可偏偏孩子还要追着问个不停，这让有些父母一时无法招架，不知道该如何回应孩子是好，于是他们选择回避孩子的提问，拒绝和孩子谈论关于夫妻生活的话题，强行让孩子不要继续追问。

夫妻生活本身就是一种私密的行为，当这个行为被孩子无意撞见时，父母常常会感到尴尬和不知所措。但是，父母要明白，遇到这种情况时，孩子会比父母更尴尬，更不知所措。他们可能会感到震惊、惊恐、困惑、害羞、内疚和好奇，会有很多疑问等待父母解答。这时，父母选择回避孩子的问题只会增强孩子的好奇心，还可能导致孩子对"性"产生错误的认识，他们或许会认为"性"是一种见不得人的羞耻行为；或许会觉得"性"是不可取的；或许会对"性"过度好奇，自己悄悄去探究，这些都可能会对孩子未来的生活造成消极的影响。

夫妻生活被孩子撞见时，父母要及时调整好情绪和状态，尽快把注意力转移到孩子的身上，使用以下话术及时化解孩子的困惑，鼓励孩子提出任何关于"性"和身体的问题，并给出恰当的回答。

精准回应话术

"宝贝，你看到的是成年人之间的一种私密行为，属于爸爸妈妈的隐私，爸爸妈妈也有私人空间和隐私。"

"宝贝，这是爸爸妈妈之间表达爱和亲密关系的一种特殊方式，是只能在成人之间、私人场合进行的。"

"宝贝，你觉得爸爸妈妈正在做什么？你是怎么想的？可以告诉妈妈吗？无论你有什么困惑，都可以告诉妈妈哟！我们希望你能够了解自己的身体，并且知道如何保护自己。"

"宝贝，每个人都有自己的隐私，包括爸爸妈妈。我们要尊重彼此的隐私，不随意打扰或窥探。你也会有自己的隐私，爸爸妈妈也会尊重并保护你的隐私的。"

夫妻生活被孩子撞见确实会很尴尬，但父母不宜因为尴尬而选择回避孩子的疑问。父母可以与孩子坦诚沟通，回答孩子的疑问，给孩子解释发生了什么，根据孩子的年龄适当地告诉孩子关于性生活的基本知识和道德准则，鼓励孩子提出关于"性"和身体的问题，积极给予孩子精准的回应，帮助孩子确立正确的价值观和行为准则。

第四章　不回避、不忽视，接纳才能解决根本问题

我不知道，你认为是，就是吧

场景再现

我不知道，你认为是，就是吧！

妈妈，海绵宝宝和派大星是好朋友，对不对？

孩子总是有说不完的话、问不完的问题，有些父母并不愿意时时刻刻地耐着性子给予孩子回应。另外，他们会觉得孩子的问题很幼稚，不愿意搭理孩子。于是，他们会选择忽略孩子的问题，不同孩子搭话，直接用"你认为是，就是吧"这样的话来搪塞孩子。

诚然，孩子的思维总是很活跃，他们的精力也很旺盛，好奇心和求知欲都很强，同时他们的问题大多不成熟，没有深度。父母若是事事都给予孩子精准的回应，难免会感到疲倦和厌烦。但是，父母若是选择忽略、敷衍的方式回应，又会不小心伤害到孩子，尤其是在父母本来就没在忙，只是在看手机的时候，他们的不回应会让孩子感到十分委屈，误认为自己还没有手机重要，感到自己被忽视了，这会严重影响孩子的心理健康发展。

其实，孩子的要求很简单。很多时候，他们并不需要父母认认真真地回答自己的问题，他们只是要求父母能够"听到"自己，能够关注到自己的感受，随时随地都能给予自己回应，以便让自己感到踏实和拥有安全感。

因此，在孩子那些幼稚又琐碎的问题面前，父母可以按以下话术简单、及时地给予孩子回应。

精准回应话术

"是吗？你为什么会认为他们俩是好朋友呢？"

"对呀，妈妈也是这么认为的！你喜欢他们吗？"

"哈哈，你觉得他们是好朋友吗？是因为你觉得他们相处得好吗？"

"呀，妈妈可喜欢他们了！妈妈也觉得他们是好朋友。你更喜欢派大星还是海绵宝宝呀？"

"哇，这个问题真有意思！你是怎么想到的呢？"

"对不起宝贝，我也不知道这个问题的确切答案，但我们可以一起去找找资料，或者问问其他人。"

"宝贝，我觉得这个问题需要一点儿时间来思考，要不你等我一下，我们稍后一起讨论。"

和一句冷冰冰、硬邦邦的"你认为是，就是吧"带给孩子的失落和委屈形成鲜明对比的，是亲子之间一些简简单单的对话给予孩子的幸福感和安全感。由于知识面和见识少的限制，孩子的问题可能没有深度和广度，父母可以通过积极回应，引导孩子深入、全面地去了解事情，并为孩子提供更多的知识，启发孩子进行更深入的思考，从而有效地促进孩子的成长和发展。

为了更好地回应孩子，父母可以从以下方面入手。

首先，当孩子提出一个问题时，父母可以表现出浓厚的兴趣和好奇心，让孩子感受到自己的问题是被重视的，而且这种好奇心可以激发孩子进一步探索的欲望。

其次，父母要用孩子能够理解的语言来解释他们的问题，这样可以帮助他们更好地理解问题的本质，并鼓励他们继续提问。

再次，父母要告诉孩子提问是获取知识和理解世界的重要方式，鼓励他们对任何感到好奇的事物都提出疑问，这将有助于培养他们的好奇心和求知欲。

最后，父母在回答孩子的问题时，还可以适当地提供额外的信息和背景知识，帮助孩子拓宽视野，理解问题的深度和广度。

对于孩子的问题，父母不要只是简单地给出答案，而是要引导孩子独立思考，这对培养他们的独立思考能力非常关键。

第五章

摆脱"攻击式"沟通，做好情绪稳定的榜样

有些父母在与孩子沟通时，总会在言语上攻击孩子，这种回应方式并不是一个好习惯，很可能会让孩子觉得在父母那里得不到支持，他们会感到自己被忽略和不受重视，进而陷入自我怀疑的状态中，变得情绪不稳定、没有安全感，日后也无法情绪稳定地与人沟通和相处。本章意在建议父母摆脱"攻击式"的沟通，为孩子做好情绪稳定的榜样。

父母的精准回应

你去学校是去学习的，又不是去玩的

场景再现

爸爸，在学校都没人跟我玩。

玩什么玩！你去学校是去学习的，又不是去玩的。

当听到孩子抱怨在学校没有朋友、没有人跟他玩时，有些父母情绪立马上头，想都不想，脱口而出就是攻击、指责的话语，他们会想当然地攻击孩子去学校就知道玩，指责孩子不好好学习。他们会跟孩子说"我花钱让你去学校，是为了让你去学习的，不是让你去玩的。""不跟你玩就不玩呗，你去学校的目的是学习，不是为了拉帮结派。""你怎么这么不合群？别人都能找到朋友，就你不行？""别整天想这些没用的，把心思放在学习上，成绩好了自然有人找你玩。""别总想着别人来找你，你就不能主动点去找别人玩吗？""你看你，平时在家里也不爱说话，到外面当然没人理你了。"等。

其实，当孩子开口说没人跟他玩时，说明他在学校感到很不自在，此时孩子的状态很可能是孤立的、无助的、难过的、渴望认同的、渴望社交的，内心敏感的孩子甚至可能会变得自卑、抑郁、厌学，会觉得大家都不喜欢自己、故意孤立排挤自己，等等。这个时候，父母若还是攻击、指责孩子就知道玩，无异于在往孩子的伤口上撒盐，又一次伤害孩子，让孩子彻底失去安全感。

对于孩子在学校没有人跟他玩这件事，父母可以设身处地地换位思考一下，如果在职场中没有人愿意搭理你，你将会是什么样的感受，你会不会陷入自我怀疑中呢？因此，父母与其攻击、指责孩子，不妨先抱抱孩子，然后试着用以下话术陪孩子聊聊天。

精准回应话术

"抱抱我的宝贝，你在学校一定很孤单，很难过吧！爸爸知道你的感受，爸爸曾经也遇到过这种情况。爸爸当时就在想，大家都不喜欢我，我是不是哪里不好？你是不是也会这么想呢？"

"那你一定很难过吧？看到大家都在一块玩，你一个人孤零零的，我想想都觉得难过。没关系，爸爸妈妈一直都在你的身边，我们永远都是你的朋友。"

"咦，是怎么回事呢？如果我是你的同学，我肯定很喜欢和你玩。你这么优秀，怎么会没有人跟你一起玩呢？你知道原因吗？"

"没关系的，宝贝，朋友需要慢慢找，爸爸教你一些与人交往的技巧和方法，如何？"

在孩子出现社交障碍时，父母要给予孩子足够的关爱和安全感，要情绪稳定地、耐心地给予孩子更多的陪伴，跟孩子聊聊天、商量商量对策，和孩子一起寻找同伴之间的共同兴趣和话题，鼓励孩子主动参与集体活动，帮助孩子建立积极的社交关系。

第五章 摆脱"攻击式"沟通，做好情绪稳定的榜样

现在知道紧张了，早干吗去了

场景再现

妈妈，期末考试就要来了，我好紧张，怎么办呀？

你现在知道紧张了，早干吗去了？

平常让你写作业，你怎么不紧张呢？

要期末考试了，孩子告诉父母说他很紧张，有些父母听了，非但不给孩子安慰，还会就此教育孩子一番，落井下石地嘲讽孩子，质问孩子为什么平时不好好学习。这种回应方式只会让孩子更加紧张。

考前紧张，几乎是每一个孩子都会经历的一道坎儿。通常，孩子考前紧张主要有这几个原因：被父母寄予了太高的期待，压力太大，考试前焦虑，害怕考得不好；平时基础不扎实，也没复习好，没有做好充分的考试准备，心里没底，缺乏自信；对自己要求过高，太重视考试结果，担心过多，害怕自己考不出好的成绩等。

其实，当孩子说他考前很紧张的时候，他是非常渴望得到父母的支持和帮助的。他需要父母给他鼓励和安慰，并给予他信心和勇气去克服紧张、应对考试。父母可以试着使用以下话术来帮助孩子克服考前紧张心理。

★ 精准回应话术 ★

"看得出来，你现在确实很紧张。妈妈像你这么大的时候，也是每逢考试，就很紧张，很担心自己考不好，没关系的，这是正常的，每个人都要经历这个过程。"

"很紧张吧？这是正常的，说明你很看重这次考试呀，不

> 过考试嘛，结果总是有好有坏的，考得不好并不代表你没有努力，你的努力爸爸妈妈都看着呢！"
>
> "宝贝，你现在是不是特别担心会考到你不会的知识点，还担心会考得不好？其实，我们是无法提前知道结果的，我们需要做的，就是好好体验过程，把过程做好。"

考试对孩子而言是一项重要的考验和挑战，考试前紧张，也是情有可原的。父母要学会看到孩子的紧张，然后理解、接纳孩子的紧张，切记不要气急败坏地数落孩子，责怪孩子平时不好好学习。父母可以适当地锻炼孩子的抗挫、抗压能力，以增强孩子的自信心和勇气。

父母的精准回应

考这么差，你也太不努力了

场景再现

考这么差，你也太不努力了！

第五章 摆脱"攻击式"沟通，做好情绪稳定的榜样

看到孩子考得不理想，有些父母当即就火冒三丈，张口就指责孩子平时不努力。他们咆哮着训斥孩子，不断地强调孩子的成绩令自己失望、让自己心寒，比如"我对你真是太失望了！你这么不用心，将来能有什么出息？""我早就知道你会考成这样，平时就知道玩，对学习一点儿也不上心。""你这次考这么差，对得起我们吗？我们这么辛苦工作还不都是为了你。"等。殊不知，这种回应方式会伤害孩子的自尊心。

考得不好，孩子自己也很难受，这个时候，孩子非常需要父母的安慰和支持。然而，父母却完全察觉不到孩子的情绪，不管不顾地用言语指责孩子。这些言语不断地伤害着孩子的自尊心，可能让孩子陷入自我怀疑、认为自己没出息的情绪旋涡中，对学习不再有自信心和积极性，最终滋生厌学情绪，选择逃避学习，选择自暴自弃。这样一来，孩子的成绩会越来越差，父母的期望就一次又一次地落了空，亲子之间的关系则变得越来越紧张，孩子的学习问题最终也没有得到妥善解决。

父母要明白，学习并不是一件轻而易举的事情，求学之路也不是一帆风顺的，孩子的成绩起起落落是正常的。因此，不管孩子考试得了多少分，父母都不要用带有攻击性的、指责意味的言语来回应孩子，可以按以下话术来安慰考试没考好的孩子。

精准回应话术

"这次没考好,你一定很难过吧?需要我抱抱你吗?"

"没关系的,你平时又没有荒废学业,你的努力妈妈都看在眼里,这次没考好可能是没发挥好,我们一起来看看错在哪里,好不好?"

"宝贝,别伤心!这次虽然没考好,但是你自己认识到自己没考好,这就是一种进步!能直面自己分数的人,才是真正的英雄呢!"

"抱抱我的宝贝,不管考得好不好,爸爸妈妈都不会责怪你的,毕竟你平时的努力,爸爸妈妈都看在眼里呢!下次我们不再做错同样的题就好啦!"

学习是一个曲折的过程,父母要学会用发展的眼光去看待孩子的成绩,不能因为孩子考得不好,就直接否定了孩子之前的努力。父母要看到孩子的努力和进步,哪怕只是一点点进步,都要及时给予孩子肯定和鼓励,不断地增强孩子的自信心,让孩子学会自我激励和自我成长,使孩子的自我学习能力得到培养和提升。

第五章 摆脱"攻击式"沟通,做好情绪稳定的榜样

这么挑食,真难伺候

场景再现

这么挑食,真难伺候。

妈妈,我不喜欢吃鸡蛋。

不许挑食,有什么就吃什么。

在日常饮食中，孩子会出现挑食的情况，只吃某几种自己喜欢或者习惯的食物，这让很多父母头疼不已。有些父母会用言语攻击孩子，责骂孩子难伺候。由于担心孩子挑食、偏食，害怕孩子营养不良，影响正常发育，他们会直接告诫孩子"不许挑食"，严厉要求孩子"有什么就吃什么"。有些父母还会用剥夺食物作为惩罚，威胁孩子改变挑食行为："你再这样挑食就别想吃饭了。"或者不顾及孩子的感受，强制孩子吃完自己不喜欢的食物："今天必须把这个吃完，不然不许离开餐桌。"父母这样做的出发点是好的，但是效果可能并不明显，甚至会激发孩子的逆反心理，让孩子选择和父母对着干，变得更挑食。

每个人都有自己的饮食偏好和习惯，孩子挑食其实很正常，父母不必在言语上责骂孩子难伺候，也不必给孩子压力，强迫孩子去吃他不喜欢吃的食物，这样做很可能会适得其反，让孩子更加抵触和排斥食物，更难养成健康的饮食习惯。

在孩子挑食时，父母要保持冷静和理智，不要过分焦虑和愤怒。父母可以为孩子提供多样化的食物选择，包括蔬菜、水果、蛋白质等，保障孩子能够摄入均衡的营养。另外，父母可以通过观察和沟通了解孩子挑食的原因，然后根据原因采取具体的解决措施。在孩子表示自己不愿意吃某种食物时，父母可以按以下话术回应孩子。

> **精准回应话术**
>
> "宝贝，为什么不喜欢吃鸡蛋呀？你觉得鸡蛋很难吃吗？"
>
> "宝贝，挑食可不好哟！你可以简单地尝一口，没准儿你会喜欢吃呢？"
>
> "咦，你不喜欢吃炒的鸡蛋吗？我看你早餐也愿意吃煮鸡蛋的呀，是炒鸡蛋不合你的胃口吗？"
>
> "不喜欢吃呀？但是今天没有其他的菜哦！要不这次你就委屈一下，将就着吃一些。下次，你提前跟爸爸妈妈说喜欢吃什么，爸爸妈妈给你做，或者爸爸妈妈教你做，好不好？"

在遇到孩子挑食时，父母不要责骂孩子难伺候，要给孩子更多的包容和耐心，给孩子提供更多样化的食物选择，可以让孩子参与到食物的选择和准备过程中，增加孩子对食物的兴趣，进而让孩子愿意主动尝试新的食物，从而保证饮食种类丰富、营养均衡。

父母的精准回应

你说呢？这还需要问吗

场景再现

妈妈，美式咖啡是美国的吗？

你说呢？这还需要问吗？

第五章 摆脱"攻击式"沟通，做好情绪稳定的榜样

面对孩子的提问，不同的父母有不同的反应，有些父母会觉得孩子问的问题特别简单，他们觉得这么简单或者显而易见的东西根本不足以称为"问题"，孩子就不应该问出这样的问题。于是，当自己孩子问出这样的问题时，这些父母会显得十分不耐烦，直接用质问的语气来回应孩子，比如"这还需要问吗？""你说呢？""你觉得呢？"等。

父母这种不耐烦的质问会对孩子的好奇心和求知欲造成一些负面的影响，会让孩子产生自我怀疑心理，更严重的是，会让孩子感受到父母的冷漠和无情，给孩子的心灵造成很大的创伤。另外，父母的这种态度会影响孩子提问的勇气和积极性，可能会导致孩子以后在课堂上有问题却不敢提。

其实，很多时候，能提出问题的孩子大都在认真地观察世界和思考世界。对于他们来说，周边大大小小的事物都是认识和思考世界的窗口。通常，他们会在好奇心和求知欲的驱使下，自发地去理解和探索周围的世界，提问题便是他们探索和理解世界的具体表现。那些在父母看来"简单""显而易见"的问题，其实都是孩子还没有完全理解、还有待观察探索的地方。

面对孩子的某些看似"简单"和"显而易见"的问题，父母先不要急着去质问或嘲讽孩子，可以根据实际问题精准地给予孩子回应。比如，就案例中孩子的提问，父母可以试着按以下话术给予孩子回应。

精准回应话术

"啊，宝贝，关于你提的这个问题，妈妈是这么思考的，你看美式英语代表美国人讲的英语，算是美国的，那美式咖啡应该也是美国的，你觉得呢？"

"宝贝，看得出来，你不会简单地认为美式咖啡就是美国的，这种思考方式真棒，值得表扬！这样吧，我们问一下别人，好不好？"

"你这个问题还真把我给难倒了！我一直都认为美式咖啡是美国的，因为有'美式'两个字，你这么一问，我也开始怀疑自己了，要不你去查一查资料，然后给我一个权威的答案，好不好？"

质问的语气中大多隐藏着不满和鄙视，并没有给孩子提供具体的解决方法或者思考方向。父母要学会尊重孩子的提问，哪怕是再简单、再显而易见的问题，都要懂得积极地与孩子展开互动。另外，父母要学会从孩子的问题中提取看待世界的新角度和新视野，用开放的心态来接纳孩子的提问，同孩子一起理解和探索世界。

第五章 摆脱"攻击式"沟通，做好情绪稳定的榜样

人家就是随口一说，你还真以为是夸你呢

场景再现

今天邻居夸我懂事，夸我是好孩子呢！

人家就只是随口那么一说。

你还真以为是夸你呢？

有些父母的教育观念里没有夸赞和激励孩子的选项，他们习惯了使用攻击、打压、贬低的方式来给予孩子回应。他们认为这种回应方式才不会让孩子变得骄傲自满，才能反向激励孩子更加努力和认真。于是，他们很少给予孩子夸赞。在自家孩子受到别人的夸赞时，这些父母的内心常常是自豪且开心的，但他们会十分谦虚地推脱，还会当着孩子的面，在别人面前指出孩子的不是，比如"乖什么呀？一点儿都不乖，太调皮了"。当孩子向他们分享自己被人夸赞的喜悦和自豪时，他们大多会毫不犹豫地给孩子浇上一盆冷水，用攻击式的回应告诉孩子，人家说的都是客套话，根本不是真心的。

对于孩子来说，在受到别人的夸赞时，他们会立刻收获好心情，这是一种被肯定、被认可、被看到且被夸赞的正向反馈，会让孩子变得更加自信开朗。相反，如果孩子正沉浸在被夸赞的喜悦中时，父母突然泼来一盆冷水，告诉孩子人家只是在说客套话，会让孩子的心情瞬间跌至谷底。时间长了，孩子就会丧失成就感，会变得更不自信。更重要的是，长此以往，孩子很难正确地认识自己，无法摆正自己位置。

孩子的努力是需要被看到的，这是对孩子的努力和付出的肯定和认可，会在一定程度上提升孩子的自信心和成就感，而夸赞是看到孩子努力的一种非常直观的表达方式，父母可以尝试使用以下夸赞话术来给予孩子回应。

> **★ 精准回应话术 ★**
>
> "在妈妈这里,你一直都很懂事,一直都是好孩子,以后也会一直是哟!"
>
> "哈哈,我十分赞同邻居的夸赞!我们家的宝贝肯定是个好孩子,在家里、在学校里都做得很好呢!"
>
> "哇,这位邻居真的是有眼光!我们家的宝贝确实很懂事,也很听话,一直都是自己的事情自己做,从来都没让爸爸妈妈多操心呢!"

夸赞是一种很有价值且很实用的激励方法,可以给孩子增加继续保持良好习惯的动力,可以让孩子获得成就感和自我价值感,可以激发孩子的自信心和积极性,让孩子自发形成内在驱动力。父母要学会看到自家孩子的付出和努力,懂得真诚地夸赞孩子,给予孩子肯定和鼓励,让孩子变得更加自信和勇敢。

父母的精准回应

不会就不知道问吗

场景再现

发什么愣啊？赶紧写啊！

可是我不会，不知道要怎么写……

不会就不知道问吗？长嘴巴干吗用的？

第五章 摆脱"攻击式"沟通，做好情绪稳定的榜样

在孩子因为不会写某道题或者不会做某件事而愣在原地发呆时，有些父母不是第一时间问孩子遇到了什么难题，而是先用言语攻击孩子。他们可能会说"不会不知道问吗？""你为什么不知道怎么做呢？""你想办法了吗？张口就说不会。"等。这些言语饱含了责备，不但不能帮助孩子解决眼前的难题，反而会导致孩子的情绪更加沮丧和低落，更难高效、集中地思考。

为什么有些孩子在遇到困难时，宁愿自己在那里瞎琢磨浪费时间，也不愿意主动向父母寻求帮助呢？主要原因有几点：第一，孩子害怕被父母责怪，有些父母在孩子说不会做某道题或者不会做某件事时，会责怪孩子上课没有认真听讲、平时没有好好学习等；第二，孩子没有勇气面对失败，生怕自己向父母提问，就会被父母贴上"不够聪明""动手能力差"等类似的负面标签；第三，孩子害怕打扰到父母，担心给父母添乱；第四，孩子不知道怎么去表达自己遇到的困难，不知道应该怎么开口向父母求助；第五，孩子深受"自己的事情自己解决"的观念影响，遇到困难时更倾向于自己去琢磨和解决。

在孩子遇到困难没有主动向父母寻求帮助的时候，父母可以先主动为孩子提供帮助，比如，父母可以按以下方式给予孩子精准回应。

精准回应话术

"怎么啦,是遇到什么困难了吗?我看你半天都没有下笔呢!"

"咦?你是不知道这道题怎么做吗?有什么困惑可以跟妈妈说,或许妈妈可以给你提供帮助呢!"

"宝贝,爸爸可以为你做点儿什么吗?"

"就算这道题不会,是不是其他的题你会呀,你可以先做自己会的,把不会的留在后面我们一起解决。"

在了解了孩子的困难、引导孩子解决困难之后,父母可以继续引导孩子说出不愿意主动寻求帮助的原因,有针对性地培养孩子的求助意识,帮助孩子提高解决问题的能力,让孩子能够更坦然地面对生活和学习中的困难与挑战。

第五章 摆脱"攻击式"沟通,做好情绪稳定的榜样

你一天不惹事,心里就不舒服吗

场景再现

妈妈,老师请您来趟学校!

你又在学校闯祸了?你一天不给我惹事,心里就不舒服是吗?

一般情况下，当孩子被老师要求把家长叫到学校去时，就意味着孩子在学校惹了祸或者是在某些事情上出现了问题。有些父母在被要求去学校找老师时，会先入为主地认为孩子在学校有不当行为，上来就用言语攻击、责问孩子，比如"你怎么又在学校闯祸了？""你一天天就不能消停点儿吗？""你就不能乖一点儿、听话一点儿？""每次去学校都是因为你，你是'惹事精'吗？""我对你真是太失望了，你这次又做了什么'好事'？""你如果再这样下去，就别去上学了。"等。言语中尽是愤怒和不满。

实际上，孩子在被老师要求叫家长去学校时，本身就是很紧张、很忐忑、很害怕的，尤其是在学校闯了祸的孩子，他们的内心更是充满了担忧和恐惧。一方面他们害怕被家长批评责打，另一方面又不敢违背老师的要求，不得不告诉父母，陷入矛盾中，让他们感到焦虑，备受煎熬。这时，父母再来几句言语攻击，只会加重孩子煎熬、焦虑、紧张、害怕的心理，严重的甚至会让孩子产生逆反心理，直接拒绝与父母和老师沟通，下次遇到问题时，可能会因为害怕父母的批评而做出极端的事情。

在得知学校要求父母去学校时，父母要保持冷静，可以先向孩子了解实际情况，父母可以尝试使用以下话术来与孩子展开沟通。

精准回应话术

"你先别着急啊!你知道是什么事情吗?先给妈妈透透底,好让我有个心理准备!"

"啊?你在学校没出事儿吧?你现在还好吗?可以跟我说说是出什么事情了吗?"

"宝贝,别担心,你先告诉妈妈老师是因为什么事情才叫家长的吗?是你学习成绩下降了,还是你在学校出事儿了?"

当孩子被老师要求把家长叫到学校去时,父母应该首先保持冷静,先安抚孩子的情绪,给予孩子足够的安全感,然后再跟孩子展开有效的沟通,了解孩子在学校的日常表现以及学习情况,询问孩子的想法和感受,哪怕是孩子错了,也不要采取责骂孩子的方式,要引导孩子及时改正。另外,父母要与老师密切合作,共同关注孩子的成长和学习。

父母的精准回应

不行就不行，哪来那么多借口

场景再现

你自己不行，还怪上鞋子了，哪来那么多借口。

都怪我这个鞋子有点儿小，跑起来不舒服，要不然我肯定是全班第一。

当孩子在某些事情或者比赛中没有达到自己期望的目标时，他们常常会为自己找一些借口来解释不是自己不行，而是自身以外的其他原因导致的失败。这种时候，有些父母会毫不留情地揭穿孩子，直接告诉孩子做不到就是做不到，不要给自己找借口。父母试图以这样的方式来让孩子面对现实并认识到自身的不足。然而，这种回应方式会让孩子的自尊心受到伤害，会让孩子怀疑自身付出的努力，陷入自我否定的情绪中，从而变得更加沮丧和消极。

孩子之所以不敢面对实际结果，一方面是因为过于好面子，想要通过找借口来保护自己的自尊心；另一方面是因为孩子不敢直面挫折和失败，找借口不过是为了减轻自己内心的挫败感。当然，如果父母平时对孩子要求特别严厉，那么孩子为了逃避父母的严厉管教，也可能会选择找借口去逃避失败或者不理想的结果。

实际上，当孩子为自己找借口时，他的内心是忐忑和不甘的，他会为自己所取得的不太好的成绩感到忐忑，甚至可能觉得丢脸，也可能害怕被父母责骂。他也会为自己的努力和付出感到不甘，因为他觉得自己其实是可以取得更好的成绩的。孩子之所以会给自己找借口，就是为了让自己看起来更优秀。因此，当孩子出现找借口的行为时，父母可以按以下话术及时给予孩子肯定，让孩子看到自己的优点和成绩。

精准回应话术

"宝贝,你取得好成绩固然会让我们很开心,但成绩不是最重要的,最重要的还是你平时的努力和付出,以及你参与的勇气,这些爸爸都看在眼里呢,你做得很好!"

"没事儿的啦,世界上没有十全十美的事情,有一些遗憾总是在所难免的,我们坦然地去接受实际结果就好啦!"

"不要给自己太大的压力啦!不完美才是人生的常态,我们要学会直面我们人生中的失败和不完美,然后尽自己所能去做好一件事情就好啦!"

为自己找借口,其实是一种很正常的心理和表现,本就无可厚非,父母无须因此而攻击和指责孩子。父母要给予孩子足够的理解和支持,让孩子有勇气去直面失败、正视自身的不足,从而学会接受现实。

第六章

拒绝溺爱，
培养孩子独立生存的本领

"父母之爱子，则为之计深远。"真正爱孩子的父母深知"惯子如杀子"，他们从来不溺爱、娇惯孩子。在孩子遇到挫折想要放弃时，在孩子想要名牌东西时，在孩子犯错误时，在遇到要不要孩子参与家务等问题时，他们都会选择理智的回应方式，以培养孩子独立生存的本领，为孩子的成长和将来融入社会打下坚实的基础。

父母的精准回应

没关系，学不会就不学了

场景再现

"没关系，宝贝，学不会就不学了！"

"妈妈，钢琴太难了，我学不会。"

"就是，我们也不靠钢琴吃饭，学了也没什么用。"

有些父母在孩子的学习尤其是在兴趣班的学习上，会无条件地去迁就和纵容孩子。他们可能会听从孩子的要求，不管孩子是否真的想学，只要孩子吵着说某个兴趣好玩，要报班学习，他们就马上同意，然后大方地给孩子报兴趣班，甚至不顾家庭经济条件是否允许。

等到孩子去兴趣班学习了两天后，发现这个兴趣并不是那么有趣，需要学的东西还挺多，不再感兴趣的时候，他们哭着对父母说"太难了，学不会，不想学了"，有些溺爱孩子的父母会欣然同意孩子的要求，而且还会像前面场景中的父母一样，不仅同意孩子的要求，还给孩子找借口，让孩子心安理得地放弃学习。殊不知，父母的这种回应方式给孩子传递了一种不会就可以放弃，遇到困难就可以放弃的思想，严重阻碍了孩子面对困难、解决困难的能力发展。

且不说父母在迁就和纵容孩子时，会不会给家庭经济造成严重的压力。单单就说父母纵容孩子放弃学习、对孩子的要求听之任之的态度，就可能让孩子形成消极、任性的学习态度，严重影响孩子的生活、学习以及三观的形成。

在孩子说"太难了，学不会"的时候，父母要让孩子明白学习并不总是轻松和有趣的，而是需要时间和耐心，需要坚持和努力的。父母可以尝试用以下话术回应孩子。

精准回应话术

"是吧？妈妈特别理解你，妈妈以前上学的时候，就因为有些课程学不懂还哭过呢。不过学习是一个漫长的过程，学到后面你就会了。"

"难吧？想想那些靠兴趣吃饭的人也是真不容易呀！你觉得具体难在哪里呢？"

"难是肯定的，学习就没有不劳而获的嘛！但是我们不应该还没有去想办法解决困难就放弃学习，对不对？我们一起来想想办法吧！"

学习技能并不是一件轻而易举、可以不劳而获的事情，是需要付出坚持和努力的。在孩子学不会的时候，父母要学会倾听孩子的感受，给孩子提供一些有利于克服困难的帮助，鼓励孩子坚持不放弃，培养孩子持续学习的精神和解决困难的能力。

第六章 拒绝溺爱，培养孩子独立生存的本领

你要什么，爸妈都想办法给你

场景再现

可以呀，你要什么，爸爸妈妈都会想办法满足你。走，我们这就去买名牌！

妈妈，我们班同学全身上下都是名牌，我也想要名牌。

有些父母总是把孩子当作家庭的中心，处处围绕孩子转，给予孩子特殊的待遇。在这些父母的观念里，即便是苦了自己，也不能委屈了孩子，自己可以穿不好的、用普通的，但孩子的吃穿用度一定要是名牌的和最好的。于是，他们尽全力给孩子提供最好的物质条件。殊不知，父母的这种付出，不过是"自以为是"的自我感动罢了，只会让孩子变得更加物质和自私，久而久之，孩子的价值观和消费观也会变得扭曲。

父母通过牺牲自我的方式，过度地给孩子提供物质上的享受，满足孩子的一切物欲要求，用这种方式告诉孩子"你很重要，你最特殊，你值得最好的"。于是，在进入群体生活时，孩子就会处处表现自己的优越感，自以为是地以自我为中心，完全不在乎他人的感受和需求，认为自己比别人更重要、更特殊，周围的人都应该迁就自己。这样的孩子，很难与他人建立起健康、良好的社交关系。另外，父母给予的物质上的优越感，会让孩子习惯于奢侈消费，缺乏理财和节俭意识。

满足孩子的物欲要求，给孩子提供最好的物质条件的父母，初心都是想给孩子更多的关心和爱，想让孩子不被别人看不起、不自卑。出发点是好的，但是收获的作用却不一定是好的。父母不妨换一种回应方式，引导孩子正视家庭的经济条件，建立正确的消费观，理解节约的重要性。比如，父母可以按以下话术回应孩子的物质要求。

精准回应话术

"看得出来你很羡慕同学呢!你是不是也想要呀?妈妈看看需要多少钱,好不好?太贵的话咱们看看有没有替代品!"

"哇,那你一定羡慕坏了吧!不过,你愿意为了穿名牌而少买一套大百科全书吗?我觉得知识比面子更重要,你觉得对不对?"

"是吗?你是不是觉得人家很风光,很有面子呀?不可以有这样的思想哟!我们去找找更有意义的事情吧!"

父母要以身作则,帮助孩子树立正确的消费观和价值观,要让孩子明白物质条件并不是衡量一个人价值的唯一标准,也不是一个人内心富足的体现。父母可以告诉孩子,一个人的价值是由多种美德构成的,比如正确的消费观和价值观、责任心、节约、懂得分享和感恩等,自信是发自内心、由内而外散发出来的,不是用奢侈品就可以堆出来的,精神世界丰富才是真正的财富。

父母的精准回应

他只是个孩子

场景再现

这孩子去抢人家的东西,还把人给打伤了!

哎呀,他只是个孩子,下手不知道轻重也正常。

在孩子犯错的时候，有些父母非但不让孩子主动承担错误，加以教育，还当面袒护孩子，总拿"他只是个孩子"来包庇孩子，为孩子开脱。正是这些父母的纵容，让孩子觉得自己有靠山，犯了错也不会受到责罚，于是更加目中无人、变本加厉、一错再错，等错到连父母也包庇不了的时候，只能后悔莫及。

诚然，每一个父母都心疼自己的孩子，看不得自家孩子受委屈。但是，当孩子犯了错，尤其是孩子犯的错伤害了其他人、侵害了其他人的利益时，父母还是要保持该有的冷静和理智，该教育孩子就教育孩子，该赔礼道歉就赔礼道歉，该承担责任就承担责任，不要纵容孩子的错误行为，以免孩子不知悔改，日后犯下更大的过错。

要想培养一个明白事理的孩子，父母首先得明白事理。在孩子犯错时，父母要保持公正和理智，不能因为是自家孩子就一味袒护，要帮助孩子认识错误，并引导孩子积极改正，在错误中汲取教训。面对犯错的孩子，父母可以按以下话术给予孩子回应。

精准回应话术

"你抢人家东西的行为本来是错的，打人更是不对的，你知道自己错在哪里了吗？"

> "你知道自己犯错了吗？敢做就要敢于承认，你犯错了没关系，但是你要是犯错了不承认，那就是错上加错，妈妈首先不会原谅你。"
>
> "是你干的，对吗？没关系，是你干的你就大胆承认，每个人都会犯错，这无可厚非，犯了错我们就去改正，以后不再犯就是好孩子。"

在孩子犯错之后，父母要让孩子知道自己错在了什么地方，应当承担什么责任，怎么去承担责任，让孩子的每一次犯错都能成为学习、改正的机会，让每一个错误都不白犯，也不重犯。这样，才能培养出优秀的、勇于承认错误、承担责任的好孩子。

第六章 拒绝溺爱，培养孩子独立生存的本领

你什么都不用干

场景再现

不用！宝贝，你什么都不用干。

妈妈，我来跟你们一起打扫吧？

爸爸妈妈就能搞定，宝贝，你去学习吧！

有些父母从来舍不得让孩子做家务，就连孩子自己的事情，他们都要包办。他们以为这是在爱孩子，是为了孩子好，可以为孩子节省出更多的时间来学习。于是，当孩子主动要求参与家务劳动时，父母告诉孩子不用他做，他只需要把学习搞好。

实际上，家务是孩子能够接触且容易做到的劳动，孩子可以从这些劳动中体验生活，获得成长。让孩子做家务，可以让孩子体验到完成某件事情的成就感以及参与家务劳动的责任感，还可以锻炼孩子的动手能力和解决问题的能力，让孩子获得独立生存的能力。父母若是包揽一切家务，不让孩子参与，不单单是剥夺了孩子做家务的机会和权利，还剥夺了孩子学习生活技能、获取生活自理能力的机会，可能会导致孩子变得独立性差、生活难以自理。

因此，父母要积极鼓励孩子参与家务，鼓励孩子自己的事情自己干。在孩子主动参与家务时，父母可以按以下话术回应孩子。

精准回应话术

"哇，真的呀！你要帮妈妈打扫卫生呀？那可真是帮了妈妈大忙，谢谢你哟！"

"好啊！宝贝，妈妈爱你，谢谢你来帮妈妈！"

> "宝贝,你真棒,不但自己的事情能自己做,还知道帮爸爸妈妈打扫卫生,我们宝贝怎么这么优秀呢!"

在要不要让孩子做家务这件事情上,父母应该毫不犹豫地选择肯定的回答。父母不但要让孩子参与家务,还要把孩子的事情还给孩子,不包办,教给孩子独立生存的本领,引导孩子学会自我管理,为孩子日后独立生活打好基础。

父母的精准回应

累不累呀，要不要歇会儿

场景再现

十分钟前

宝贝，渴不渴呀？要不要喝水？

宝贝，累不累呀？要不要歇会儿？

有些父母把所有注意力都放在孩子身上，满门心思围着孩子转，时时刻刻都想看着孩子。比如，在孩子写作业时，他们一会儿担心孩子渴了，要让孩子喝水；一会儿担心孩子累了，想让孩子歇一歇；一会儿担心孩子饿了，想让孩子先吃点儿东西，等等。殊不知，就在他们这一趟又一趟的关心中，孩子的注意力和专注力都被破坏了，写作业的时间越来越长，写作业的效率越来越低，写作业时越来越拖拉……

实际上，父母对孩子的过度关注和干预并不利于孩子的学习和成长。就拿孩子拼乐高玩具来举例，孩子好不容易集中精力和思维拼乐高时，父母频繁关心，只会频繁地打断孩子的思维，不断地分散孩子的注意力和专注力。如此反复几次，孩子的注意力就难以集中，无法继续专注思考，玩耍的兴致也降低了，还可能会导致思维跳跃。

另外，父母的过度关注很容易让孩子失去自主和独立的能力。在父母的时刻关注下，孩子可能因为束缚而表现得相对听话。一旦离开了父母的视线，孩子就可能无法进行自我约束，无法独立自主地完成一项任务，比如写作业。遇到需要拿主意的事情，孩子无法自我决策，会过于依赖父母。这种没有独立自主意识、无法独立思考做决策的孩子，在遇到挫折时是很难独立面对的。

其实，父母可以给孩子独立自主的空间，让孩子独立自主地去完成自己的事情。比如，父母应该根据孩子的年龄和能力，设定合理的期望，让他们独立完成自己的事。在给予孩子独立自主空间的同时，父母需要设定清晰的界限，尽量不越界，让孩子自主决定应该采取什么样的行动。

就拿写作业来说，在孩子写作业之前，父母可以用以下话术跟孩子沟通。

精准回应话术

"宝贝，你做好写作业的准备了吗？水喝了吗？厕所上了吗？写作业的时候要专心，不能一会儿要喝水，一会儿又要上厕所哟！"

"宝贝，妈妈相信你是一个有责任感的孩子，可以集中注意力专心写作业的，对吗？"

"宝贝，你可以自己完成作业的吧？妈妈相信你，加油！"

"宝贝，根据计划，你有一个小时的写作业时间，你需要在一个小时之内写完全部的作业。我看了一下，你今天的作业不多，一个小时完全足够了，去吧，加油！"

"我会去一边看书，不打扰你，你就安心写作业吧！如果需要我帮忙检查或者讲解，你可以叫我。"

在亲子关系中，父母要适当地给予孩子信任和空间。这是培养孩子独立性和自我管理能力的关键，具体来说有以下两点。

首先，父母要充分信任自己的孩子，鼓励孩子独立思考和行动。当孩子感受到父母的信任时，他们会更愿意自主地探索和尝试新事物，也会更有信心面对挑战和困难。

其次，父母给孩子提供个人空间，这是他们建立自我意识和自我管理能力的重要途径。孩子需要一定的时间和空间来探索自己的兴趣、想法和感受，也需要有机会去尝试和犯错误。在这个过程中，他们会逐渐学会如何管理自己的情绪、如何安排自己的时间和资源，以及如何应对各种挑战和困难。

父母的精准回应

不行,我不放心

场景再现

爸爸,我同学约我这周末去打篮球,我很想去。

不行,我不放心,现在流感那么严重,万一感冒了怎么办?

有些父母舍不得让孩子出门去人多的地方,他们的理由是害怕孩子感染病毒生病。他们给予了孩子过多的保护,从来舍不得让孩子去尝试一些具有挑战性的活动。在孩子的事情上,他们总是会做出过度的反应,哪怕孩子只是身体有一点点不舒服,他们都会绷紧神经,生怕孩子出了什么意外。

孩子是需要在安全的环境中学习和成长,而不是在温室中学习和成长。父母要知道,在温室里长大的孩子,是经不起风吹雨打的。父母过度地保护孩子和限制孩子的行为,不利于孩子的身心健康,会让孩子养成依赖的习惯,让孩子在遇到困难和挫折时,只知道依赖父母,不敢也不知道应该怎么去独自应对。

诚然,父母有权利也有义务采取措施来保护孩子的健康和安全,但一定要适度。孩子需要接触新事物,需要去认识和探索世界,需要社交,也需要学习、体验和积累个人成长以及独立生活的经验。因此,父母不宜过分以"保护"之名限制孩子的自由。

另外,当孩子的身体出现异常或者有一些不舒服时,父母要保持冷静和理智,不要过分紧张和过度反应,以免给孩子带来焦虑和不安,导致孩子没有勇气去面对身体上的不适,变得消极、没有斗志。

父母可以适当地给孩子一些成长空间和自主权利,比如,在孩子想和朋友出去玩时,父母可以按以下话术回应孩子。

父母的精准回应

> **精准回应话术**
>
> "宝贝，爸爸支持你跟朋友出去玩，但是最近流感挺严重的，你和朋友要做好防护。"
>
> "宝贝，爸爸不反对你出去玩，但是最近这个流感确实挺严重的，万一你跟朋友不小心感染了也挺难受的，要不爸爸给你们找一个人少的篮球场，可以吗？"
>
> "当然可以去玩啦，宝贝！不过要做好自我防护，下午四点前要回家哟！"

父母要在保护孩子的同时，要为孩子打造一个健康的成长空间，不能一刀切地禁止孩子出门社交、运动。此外，父母要与孩子建立相互信任和理解的关系，引导孩子在外出或运动时做好自我防护，鼓励和支持孩子参与自己感兴趣的活动，不要因为溺爱孩子而限制孩子的一切外出活动。

第七章

不贴标签，
　培养内心强大的孩子

标签具有强烈的暗示和导向作用，可能会限制孩子自身的发展，影响孩子对自我的认知。因此，给孩子贴标签是一种非常不理智的行为。父母在回应孩子的时候，切忌给孩子贴标签，尤其是带有贬低和批评性质的负面标签。父母要多给予孩子鼓励和支持，才能培养出内心强大的孩子。

父母的精准回应

你是笨蛋吗?
这么简单的题都不会

场景再现

爸爸,这道题我不会。

你是笨蛋吗?这么简单的题都不会。

网络上一句"不陪作业，母慈子孝；一陪作业，鸡飞狗跳，惹邻居耻笑。"不知说中了多少父母的痛点，引来了多少父母的共鸣。如此看来，绝大多数父母在辅导孩子做作业时都会血压飙升、情绪失控，有些父母甚至会气得直接给孩子贴上诸如"笨蛋""猪脑子"之类的带有贬低性质的标签。

然而，父母务必要认识一点，孩子不可能因为你给他贴了一个"笨蛋"的标签而立即变得聪明，更不可能因为你的一句"你是笨蛋吗？这么简单的题都不会"而被吓到马上就会做题。相反，此时被贴上标签的孩子，学习心态已经受到了影响，脑子大多被恐惧、无助等负面情绪占据，根本无法集中注意力继续学习，学习效率会受到很大的影响。如果这种状态持续时间过长，那么，孩子可能会开始陷入自我怀疑、拧巴和自卑的情绪中。

没有父母真的希望自家孩子是"笨蛋"，也没有父母不希望自家的孩子能够取得好成绩。无论父母是出于"恨铁不成钢"，还是"望子成龙，盼女成凤""为孩子好"的心态去给孩子贴"笨蛋"的标签，这种行为都是不可取的。在辅导孩子做作业时，父母可以积极采取以下正向话术给予孩子回应。

精准回应话术

"宝贝,爸爸看这道题其实并没有那么难,你先跟我讲讲你的思路吧,你怎么想的就怎么说。"

"不会也没关系的,有爸爸在呢!这个问题不难,爸爸来提问,你来回答,边答边思考,如何?"

"宝贝,这样吧,爸爸给你几个提示,然后你根据这些提示去答题,爸爸相信你这么聪明的脑瓜,肯定能做好这道题的。"

"没关系的,宝贝,爸爸小时候也跟你一样,也有好多简单的题不会做呢,我们一起来想想解决办法吧!"

在辅导孩子做作业时,父母不要只把注意力放在孩子做作业的错与对、快与慢上面,更要关注自身情绪的变化,管理好自身情绪,切勿因为情绪失控而给孩子贴上"笨蛋"之类的负面标签,这类标签对孩子学习成绩的提升和心态的健康发展都是不利的。

第七章 不贴标签，培养内心强大的孩子

你就是个小偷

场景再现

> 这里的钱又少了3张10块的，是不是你拿了？我看你就是个小偷。

> 我没有拿，我不是小偷。

当发现孩子偷拿家里的钱时，有些父母第一反应就是指责孩子，他们会在未了解孩子偷拿钱的动机和需求之前，就急于给孩子贴上"小偷"的标签，生怕孩子从小就品质败坏，养成了"小偷"的习惯。然而，父母的这种回应方式很可能会对孩子的心理健康和行为发展产生负面的影响。

实际上，孩子的某种不良习惯是需要经过一段时间才会形成的，比如，孩子肯定不会因为偷拿一次父母的钱，就会变成真正的"小偷"。因此，父母在发现孩子偷拿自己的钱时，不要操之过急地去纠正，还是要先了解孩子偷拿行为背后的原因和心理。

孩子"偷"家里的钱的原因有很多种，比如孩子的潜意识里并不认为拿父母的东西是"偷"，他们可能会觉得自己只是顺手拿了父母的钱，就跟拿家里的某件物品一样，不需要打招呼或者经过父母的同意；比如孩子渴望得到某件物品，又缺乏自控能力，抵制不住诱惑，便通过偷拿父母的钱来满足自己即时的欲望……

当父母发现自己孩子有偷钱的行为时，可以先平和地与孩子进行沟通，通过以下话术引导孩子说出为什么会偷拿钱，这样可以帮助父母了解孩子行为背后的动机和需求，以便更好地进行后续的教育。

精准回应话术

"宝贝呀,妈妈钱包里的钱,是你拿的吧?你知道吧,不管我们是在家里,还是在学校里,想要拿走不属于自己的东西,都需要先去征求物品主人的同意哟!你在未经妈妈同意的前提下,拿了妈妈的钱,这是不可以的,是不对的,你懂吗?"

"宝贝,你拿妈妈钱包里的钱去做什么了呀?下次拿之前要先征求妈妈的同意哟!"

"宝贝,妈妈知道你拿了妈妈钱包里的钱,怎么啦?是零花钱不够用了,还是有什么需要买的?要是零花钱不够用了,你要主动跟妈妈说明,然后我们一起商量下看看零花钱是不是真的给少了,可以吗?"

通过与孩子沟通的方式了解了孩子偷拿钱背后的动机和原因后,父母要及时采取正向的方式对孩子进行教育,要帮助孩子认识到偷拿父母的钱或者别人的物品的行为是不被允许的,及时避免孩子将偷拿的行为养成一种习惯。

父母的精准回应

我从没见过像你这么懒的孩子

场景再现

你看看你那屋里，乱糟糟的，你就不会收拾一下吗？

我懒得收拾。

我从没见过像你这么懒的孩子。

孩子太懒，在家什么也不想做，有些事情父母嘱咐了十几遍，他都不愿意去做。面对这种情况，很多父母会觉得心烦，便会忍不住骂孩子几句，给孩子贴上"懒"的标签，会说"你怎么这么懒啊！""我就没见过哪家孩子像你这样懒！""你怎么这么懒呢？看着都心烦！""现在都这么懒，我看你长大也是懒鬼一个！"之类的话。然而，父母唠叨得越多，孩子好像变得越来越懒，父母越是着急吼叫，孩子的反应越是懒散。

实际上，大多数孩子或多或少都有一些叛逆的心理，他们的自尊心很强。父母越是消极强化孩子的弱点，孩子的弱点就会越明显，父母越唠叨，孩子越不妥协。比如，父母越是贴标签说孩子"懒"，孩子越要跟父母对着干，变得越来越懒，最终连回应都懒得给父母，任凭父母怎么说，孩子就是不动，好像没听见一样。

一个孩子若是太"懒"，他的意志力也会遭受消磨。孩子的意志力要是被消磨，他就会变得浑浑噩噩，对什么都提不起兴趣，毫无责任心，这将严重影响孩子的健康成长。父母可以引导孩子积极参与做家务，通过劳动来培养孩子的责任心，帮助孩子克服懒散，形成自律的好习惯。

在孩子懒得干活、懒得做家务时，父母先不要着急给孩子贴上"懒"的标签，可以先走到孩子面前吸引孩子的注意力，然后平和地用以下话术同孩子沟通。

精准回应话术

"宝贝,家里活儿太多了,妈妈一个人干不过来了,你可以帮妈妈扫地吗?"

"宝贝,再给你20分钟的时间收拾屋子,20分钟后我要去检查卫生哦!表现好的话,今晚会有惊喜哟!"

"宝贝,我们现在需要拖地、洗碗和收拾屋子,你挑一个吧,剩下的两个妈妈来做,可以吗?"

孩子的懒与不懒,其实与父母的教育方式有很大的关系,没有一个孩子天生就是懒孩子。当父母发现自家孩子懒散时,可以先反思下孩子为什么会这么懒,是不是自己平时太娇惯孩子,才导致孩子养成了"衣来伸手,饭来张口"的坏习惯;或是自己也懒,只知道张口给孩子安排活儿,自己却不行动等。父母要给孩子一定的时间和空间,不催促、不唠叨地让孩子去做事情,同时也要以身作则,做好孩子的榜样。

第七章 不贴标签,培养内心强大的孩子

肯定是你太调皮了,老师才会批评你

场景再现

爸爸,今天我被老师批评了。

那肯定是你太调皮了,老师才会批评你。

当孩子告诉父母自己在学校被老师批评了，有些父母的第一反应就是孩子肯定又在学校调皮捣蛋了，然后就开始指责、唠叨，让孩子在学校要听老师的话，上课要专心听讲，不要违反课堂纪律之类的。

在了解事情的真相之前，父母不要一上来就代入自己的观点，想当然地给孩子贴上"调皮捣蛋"的标签，认为是孩子在学校调皮捣蛋，才会被老师批评。这种回应方式很容易给孩子带来进一步的伤害。

要知道，孩子在学校被老师批评，可能会有一些负面情绪，他们会感到委屈、丢脸，有的还会因此憎恨老师，觉得老师的批评让他们在全班面前抬不起头。孩子回来告诉父母这件事，可能是想把自己内心的委屈跟父母诉说，想从父母这里得到安慰。这个时候，父母可以通过以下话术引导孩子说说事情的经过，听听孩子自己的想法，问问孩子怎么看待被批评这件事情，告诉孩子日后应该怎么办，帮助孩子及时调整心态，让孩子正确看待被批评这件事。

精准回应话术

"呀，你在学校被老师批评了呀，怎么回事呢？跟爸爸说说，好吗？"

"宝贝被老师批评了呀?那你现在是不是很难过呢?爸爸给你一个大大的拥抱,好不好?"

"老师批评了你,你心里应该很难过吧?你会不会觉得你们老师很凶?你会不会因为这件事就不喜欢老师了呢?"

"没关系的,爸爸上学时也总被老师批评,老师批评你并不是因为不喜欢你,而是因为他在关注你,他希望你改正错误,希望你以后变得更好。"

"宝贝,爸爸知道你被批评了,肯定很伤心很难过。其实,老师批评的不是你这个人,而是你做的错误的事,所以你不要觉得被批评了就觉得在同学面前很没面子、很丢人,而是要知错就改。"

当得知孩子被老师批评时,父母可以先接纳和理解孩子的情绪,然后和孩子一起讨论事件的经过,一起商量如何改进。如果的确是孩子的错误,那就鼓励孩子直面错误并做出改正;如果其中有误会,父母可以委婉地告知老师,还孩子清白。总之,父母要做孩子的情绪"树洞",给足孩子安全感,让孩子的情绪得以调节,进而变得更加开朗、活泼。

父母的精准回应

这么胆小，以后怎么登上更大的舞台

场景再现

校联欢会

妈妈，一会儿我要是忘词了怎么办？大家会不会嘲笑我？

这么胆小，以后怎么登上更大的舞台？

不就是上台表演嘛！想那么多干什么？不用紧张。

孩子在登台演出或者演讲时因担心自己表现不好而过度紧张，本就是一件再正常不过的事情。但是，这种担心和紧张在某些父母面前，就成了胆怯、胆小、没出息。他们不给孩子打气，反而一味地嘲讽、贬低孩子。在他们的期望里，自家孩子应该在舞台上镇定自如、自信发光地表演才对。

对于原本就紧张的孩子来说，父母的这种回应只会让他泄气，给他带来更多额外的压力和焦虑，让他更担心自己会不会出错、会不会被台下的观众嘲笑，严重者甚至会在临上场演出时放弃登台。

上台演出前怯场、紧张，其实都是一些正常的生理反应，每个人或多或少都会有。因此，父母应该正确看待孩子的这种表现，看到孩子紧张，就应该及时给孩子打气，帮助孩子树立自信心。遇到孩子怯场时，父母可以按以下话术来安慰孩子。

精准回应话术

"紧张吧？紧张是正常的。妈妈教你，你上台就不要关注台下，就当大家都不存在，或者直接看着妈妈就好，你就当只表演给妈妈看就行。"

"没事儿的，相信自己，你已经准备得很充分啦！妈妈相信你，你一定能圆满地完成今天的演出的。"

> "哈哈,肯定会紧张的,每个人在上台演出之前都会紧张的,爸爸以前也这样,演着演着就放开了、不紧张了,加油哟!"
>
> "抱抱宝贝,没关系的,只要敢上台,你就赢了。站在台上后,你就会慢慢放松不紧张了,要相信自己,爸爸妈妈永远都相信你!"

父母要学会观察并理解孩子的紧张情绪,不要因为孩子登台演出时紧张了就给孩子贴上"胆小""胆怯""胆小鬼"等标签,要鼓励孩子勇敢尝试,相信孩子能够克服紧张、突破自我,在舞台上美丽绽放,给孩子足够的信心和安全感。

第七章 不贴标签，培养内心强大的孩子

小小年纪就这么自私

场景再现

> 小小年纪就这么自私，一点儿都不知道分享。

> 你们凭什么不经过我的同意就把我的玩具送人？

> 人家喜欢，我就送了，不就是一个玩具，你至于这么生气吗？

有些父母习惯性地从自身的思维和价值观出发，常常在不经过孩子同意的前提下，随意去翻动或支配孩子的东西，比如私自将孩子喜欢的玩具送人。他们认为，孩子的一切都是自己给的，自己有权利去支配和决定孩子的一切，包括物品的去留。一旦孩子提出反对意见，他们就会认为孩子不懂事，给孩子贴上"自私"的标签，责骂孩子不懂得感恩、不知道分享、凡事只想着自己。

父母之所以会认为自己有权利支配和决定孩子一切，源于他们对孩子强烈的控制欲望和以自我为中心的思维方式。他们不会站在孩子的角度体谅孩子，也很难会想到要以尊重孩子的意愿为出发点，所以他们会以家长的身份强行剥夺孩子的物品所有权。事后孩子追问时，他们还会给孩子贴上"自私"的标签。殊不知，他们的这种行为只会加大亲子之间的隔阂，导致亲子之间的互相不理解，加剧亲子之间的矛盾。

其实，很多物品在孩子眼里，不只是物品那么简单，有的早已成为孩子的精神寄托。就拿玩具来说，就算父母再买一个一模一样的玩具回来给孩子赔礼道歉，对孩子来说，意义早就变了，甚至变得毫无意义了。

因此，在处理有关孩子的一切物品和事情上，父母还是要征询孩子的意见并尊重孩子的意愿。如果父母事先没有经过孩子的同意就动了孩子的物品，或者把孩子的物品私自送给了别人，那么在孩子追问时，可以按以下话术去回应孩子。

★ 精准回应话术 ★

"对不起，宝贝，是妈妈大意了，妈妈没有经过你的同意，就私自将你的玩具送给了别人，是妈妈的不对，你可以原谅妈妈一次吗？"

"宝贝，对不起，是妈妈错了，妈妈不该不经过你的同意就动了你的东西，妈妈保证只有这一次，再没有下一次了，你能原谅妈妈一次吗？"

"哎呀，宝贝，妈妈让你伤心了！对不起，是妈妈的错！但是现在事情已经发生了，妈妈怎么做，你才能稍微心情好一点儿呢？"

父母要明白分享的前提是自愿，要学会尊重孩子的个人意愿和选择，不要轻易替孩子去做任何决定。孩子的物品，只有孩子才有权决定去留，父母要主动将决定权交给孩子。如果父母私自将孩子的物品送给了别人，事后要主动向孩子道歉，不可贸然给孩子贴上"自私"的标签。

父母的精准回应

自作聪明,没病装病

场景再现

> 晕什么晕,你这既不发热,也不感冒的,你是自作聪明,没病装病吧?

> 爸爸,今天能不能不去上学?我头晕。

> 装病是不是就能不去上学了?

在孩子因不想去上学而假装生病时，很多父母一眼就能看出孩子是在没病装病。这个时候，有些父母就会主动去揭穿孩子，还批评孩子"自作聪明"。父母之所以这么做，大多是出于对孩子的教育责任。

实际上，很多孩子没病装病并不是自作聪明。他们装病的原因无外乎两点。第一，生病了可以得到父母更多的关注。很多父母平时都比较忙，很少有时间去关心和陪伴孩子，只有在孩子生病的时候才会放下手里的事情，来照顾孩子，所以孩子为了让父母多陪陪自己，多给自己一些关心，就选择没病装病。第二，通过假装生病来逃避上学。有些孩子常常觉得上学是一件痛苦难熬的事情，尤其是在学校遇到困难，或被老师批评，或遭遇成绩下滑等情况的时候，他们更想选择装病。

父母在发现孩子装病时，可以去揭穿他，但是千万不要去责怪他"自作聪明"。父母要保持宽容、理解和关怀的态度，与孩子敞开心扉地沟通，引导孩子主动表达装病不去上学的原因，了解孩子当下面临的困扰和压力。为此，父母可以按以下话术回应孩子。

> **精准回应话术**
>
> "怎么了,宝贝?爸爸知道你没生病,你是遇到什么困难了吗?可以和爸爸说说吗?"
>
> "怎么了呢?你想跟爸爸谈谈吗?爸爸愿意随时随地做你的倾听者。"
>
> "是心里不舒服吗?最近压力太大了吗?爸爸可以为你做些什么呢?"
>
> "宝贝,爸爸看得出来你身体很好,并没生病,你现在说你不舒服,肯定是有原因的,你愿意跟爸爸说说原因吗?"

父母可以着手为孩子建立坦诚的沟通环境,不能因为孩子假装生病就简单粗暴地指责和批评孩子,更不能打骂孩子,要鼓励孩子坦诚地表达自己的想法,然后帮助孩子解决问题,帮助孩子培养面对挫折和困扰的勇气。除了跟孩子沟通,父母还可以主动跟老师沟通,及时了解孩子在学校的整体表现,以便更好地帮助孩子克服困难。

附 录

测一测：你的亲子关系健康吗？

你想知道和孩子间的亲子关系健康吗？那就来做做下面的小测试吧！

从下面的选项中选择符合自己情况的一项。选 A 得 1 分，选 B 得 2 分，选 C 得 3 分，选 D 得 4 分，选 E 得 5 分。最后将各题分数相加得到总分。

1. 不管工作或生活再忙碌，你都会留一些时间给孩子。

   A. 很不符合　　　　　　　B. 不符合

   C. 尚符合　　　　　　　　D. 符合

   E. 非常符合

2. 你能经常保持愉快的心情与孩子相处。

   A. 很不符合　　　　　　　B. 不符合

C. 尚符合   D. 符合

E. 非常符合

3. 你认为孩子是有理性的，能自己面对和解决问题。

A. 很不符合   B. 不符合

C. 尚符合   D. 符合

E. 非常符合

4. 和孩子对话时，你很少使用"你应该……""你最好……否则……""你再不……我就……"的语气和孩子交谈。

A. 很不符合   B. 不符合

C. 尚符合   D. 符合

E. 非常符合

5. 你觉得孩子能快乐地生活，比成绩好更重要。

A. 很不符合   B. 不符合

C. 尚符合   D. 符合

E. 非常符合

6. 你觉得孩子犯错和惹麻烦是成长必经的过程。

A. 很不符合   B. 不符合

C. 尚符合   D. 符合

E. 非常符合

7. 孩子说话时，你能耐心专注地听完。

A. 很不符合　　　　　　　　B. 不符合

C. 尚符合　　　　　　　　　D. 符合

E. 非常符合

8. 你能经常和孩子有亲密的接触（如摸头、拍肩、拍手、相互拥抱等）。

A. 很不符合　　　　　　　　B. 不符合

C. 尚符合　　　　　　　　　D. 符合

E. 非常符合

9. 即使孩子犯了错，你也不会因此就认为他（她）是个坏孩子。

A. 很不符合　　　　　　　　B. 不符合

C. 尚符合　　　　　　　　　D. 符合

E. 非常符合

10. 你经常给自己和孩子充裕的时间，避免催促孩子。

A. 很不符合　　　　　　　　B. 不符合

C. 尚符合　　　　　　　　　D. 符合

E. 非常符合

11. 不论孩子发生什么事，你都能以孩子的立场，理解孩子内心的感受。

A. 很不符合　　　　　　　　B. 不符合

C. 尚符合 　　　　　　　　D. 符合

E. 非常符合

12. 亲子间有冲突时，你不认为一定是孩子的错。

A. 很不符合 　　　　　　　B. 不符合

C. 尚符合 　　　　　　　　D. 符合

E. 非常符合

13. 你能给孩子充分的自主空间，决定自己的事。

A. 很不符合 　　　　　　　B. 不符合

C. 尚符合 　　　　　　　　D. 符合

E. 非常符合

14. 你要求孩子做的事情，自己都能做到。

A. 很不符合 　　　　　　　B. 不符合

C. 尚符合 　　　　　　　　D. 符合

E. 非常符合

15. 答应孩子的事情，你一定都会履行。

A. 很不符合 　　　　　　　B. 不符合

C. 尚符合 　　　　　　　　D. 符合

E. 非常符合

16. 与孩子谈话时，你能了解孩子内心真正的感受。

A. 很不符合 　　　　　　　B. 不符合

C. 尚符合　　　　　　　　D. 符合

E. 非常符合

17. 你了解孩子内心的喜好和厌恶。

A. 很不符合　　　　　　　B. 不符合

C. 尚符合　　　　　　　　D. 符合

E. 非常符合

18. 孩子愿意主动地告诉你，他（她）在外面发生的事情和内心感受。

A. 很不符合　　　　　　　B. 不符合

C. 尚符合　　　　　　　　D. 符合

E. 非常符合

19. 和孩子谈话，你很少批评或指责孩子的想法。

A. 很不符合　　　　　　　B. 不符合

C. 尚符合　　　　　　　　D. 符合

E. 非常符合

20. 你对目前家庭和孩子的状况感到满意。

A. 很不符合　　　　　　　B. 不符合

C. 尚符合　　　　　　　　D. 符合

E. 非常符合

测试结果解析：

20~59 分：你和孩子的关系已出现危机。你现在跟孩子之间的关系很不好，吵架是家常便饭，你不理解孩子在想什么，孩子对于你的关心也不理解。

建议：你的亲子关系已出现危机，须马上调整。首先，你要看看是自己的问题，还是孩子的问题。其次，要站在孩子的角度多方面思考，处于叛逆期的孩子尤其需要好好开导。

60~79 分：你和孩子相处还算良好。在与孩子相处的过程中，你比较理解孩子，对孩子的管教也处于孩子能接受的范围。

建议：虽然你们相处良好，但是还可以更好。对孩子未来的引导、价值观的建立还是需要以身作则，从各方面了解孩子的想法。

80~100 分：你和孩子的关系很好。你在对孩子的教育方面很有一套，对于孩子的引导也很科学，常常能站在孩子的角度思考问题，跟孩子保持着很好的朋友关系。

后 记

心理学上说"每一种心理症结都可以追溯到童年",这也是人们常常说的"幸运的人一生都在被童年治愈,不幸的人要用一生去治愈童年",童年的阴影、创伤和不幸,和父母的回应是密切联系、息息相关的。在撰写本书的过程中,我深感每一个字、每一句话都承载着无数父母的期望与焦虑,也凝聚着父母对于亲子沟通深深的思考与实践。

我们不难发现,亲子沟通中最大的挑战往往不在于"说什么",而在于"怎么说"。很多父母常常陷入一种误区,认为只要自己说的话是对的,想怎么说就怎么说,想习惯性反驳就反驳,想一针见血地说就一针见血地说,想批评、指责地说就批评、指责地说。然而,事实并非如此,孩子的内心世界远比我们想象的要复杂得多,他们真正需要的不仅仅是正确的指导,更多的是父母的理解、接纳、认可、引导、赞美等。

　　我写这本书的初衷，就是希望能为各位父母提供一种全新的亲子沟通思路和方法，从而在日常生活中精准地回应孩子，以构建和谐融洽的亲子关系。

　　为人父母，我们要明白，精准回应并非易事。它需要我们放下身段，以平等的姿态与孩子交流；需要我们不断学习，以开放的心态接纳新的教育理念；需要我们耐心倾听，以理解的态度面对孩子的情绪。只有这样，我们才有可能真正做到精准回应，让孩子在爱的滋养下茁壮成长，给孩子一个阳光快乐的童年。

　　我深知，每一个孩子都是独一无二的，他们有着自己的性格、兴趣、需求和困惑。因此，在书中，我尽量避免了那种"一刀切"的沟通方式，而是尝试通过提供一系列精准回应的话术模板来启发父母，引导大家根据自家孩子的实际情况进行个性化的回应。

　　当然，话术模板只是一个起点，真正的挑战在于如何将这些模板灵活地运用到实际生活中去。为此，我们在书中穿插了大量的孩子心理分析和实践建议，希望能够为父母提供一些具体的指导和启示。同时，我们也鼓励各位父母用自己的经验和智慧不断地调整和完善这些话术模板，让它们更加符合自己孩子的需求和特点。

后 记

　　我希望这本书能够成为各位父母育儿路上的良师益友,为各位父母提供指引与启示。同时,我也希望各位父母能够将这些教育理念付诸实践,与孩子们一起成长,共同创造亲子之间和谐、融洽的关系。

　　"爱孩子,就请给他们最精准的回应。"愿每一位父母都能够做到这一点,让父母的爱陪伴孩子成长。